KARMA CLUB

CB138711

Jessica Brody

Karma Club

novo século®

São Paulo, 2011

The Karma Club
Copyright © 2010 by Jessica Brody
Copyright © 2011 by Novo Século Editora Ltda.
All rights reserved.

PRODUÇÃO EDITORIAL	Equipe Novo Século
DIAGRAMAÇÃO	Luciana Inhan
CAPA	Equipe Novo Século
TRADUÇÃO	G. Marion Rosa
REVISÃO	Larissa Wostog Ono Monika Kratzer Juliana Vieira Machado Pereira

Dados Internacionais de Catalogação na Publicação (CIP)
(Câmara Brasileira do Livro, SP, Brasil)

Brody, Jessica
Karma club / Jessica Brody ; [tradução G. Marion Rosa]. -- Osasco, SP : Novo Século Editora, 2011.
Título original: Karma club
1. Ficção - Literatura juvenil I. Título.

11-04263 CDD-028.5

Índices para catálogo sistemático:
1. Ficção : Literatura juvenil 028.5

2011
IMPRESSO NO BRASIL
PRINTED IN BRAZIL
DIREITOS CEDIDOS PARA ESTA EDIÇÃO À NOVO SÉCULO EDITORA
Rua Aurora Soares Barbosa, 405 – 2º andar
CEP 06023-010 – Osasco – SP
Tel. (11) 3699-7107 – Fax (11) 3699-7323
www.novoseculo.com.br
atendimento@novoseculo.com.br

Quando você apronta com o Carma,
o Carma apronta com você.

A Elizabeth Fisher,
Namaste.

Agradecimentos

Acredito que o Carma positivo não é uma coisa que eu possa alcançar sozinha. Sou grata às seguintes pessoas que ajudaram a contribuir com meu *Karma*. Meus pais, Michael e Laura Brody, vocês devem estar cheios de hematomas com todas as ideias ruins que joguei em cima de vocês durante todos os anos. Charlie Fink, obrigada por aguentar todas as minhas mudanças de humor de escritora. Prometo que o próximo livro será diferente, mas nós dois sabemos que essa é uma promessa que não posso cumprir. Amo você. À minha agente fantástica, Beth Fisher, que me encorajou a escrever este livro e o vendeu com tanta *finesse*. Todos da Levine Greenberg, obrigada por tudo o que fizeram e pela maneira espetacular com que fizeram. Janine O'Malley, você é o tipo de editora com a qual todo escritor sonha poder trabalhar. Parabéns! Todos da FSG e da Macmillan Children, sem vocês isto seria apenas uma pilha desleixada de páginas gramaticalmente incorretas e ilegíveis. Obrigada ao Bill Contardi, meu astuto e brilhante agente de filmes. Mark Stankevich, o advogado mais não-advogado que conheço. Minha irmã, Terra, a borboleta sociável da família, obrigada por preencher minhas leituras de Nova York com essa seleção internacional de consumidores de livros! Alyson Noël, sua proliferação inspiradora é a única razão pela qual pude finalizar um livro. E, por último, mas não menos importante, obrigada a você. Sim, você que está segurando este livro agora. Os sonhos dos escritores se realizam todos os dias graças a você.

Sumário

Prólogo

Vou dizer logo de cara, é tudo culpa do Carma.

Sim, do *Carma!* Você sabe, aquela força inconfundível do universo que garante que as boas ações sejam recompensadas e que as más ações sejam punidas.

Como quando eu estava na sétima série e roubei o lanche da minha irmãzinha porque acordei atrasada para fazer o meu. Quando cheguei à escola, vi que a carne do sanduíche estava, na verdade, estragada e acabei gastando o que sobrara da minha mesada com a comida irreconhecível da cantina nojenta.

Carma.

Ou no verão, entre o segundo e o terceiro ano na escola, quando a minha melhor amiga, Angie, e eu decidimos que nosso tempo seria mais bem empregado indo para o *shopping* do que mantendo a promessa de ajudar sua mãe a limpar a garagem. Bom, o carro da Angie ficou sem combustível no meio do caminho e acabamos passando a manhã nos arrastando em um calor de 40 graus até o posto mais próximo, que era, sem nenhuma surpresa, a dez quilômetros de distância, para depois retornarmos ao carro abandonado com um galão de gasolina que pesava nada mais que dez quilos. Desnecessário dizer que o total de energia gasta durante nossa escapadinha resultou em dez vezes mais do que o que gastaríamos ajudando a senhora Harper no meio de algumas caixas empoeiradas.

Isso mesmo, olha o Carma aí de novo.

E, quando eu tinha 9 anos, implorei obsessivamente aos meus pais que me dessem um cachorro, e eles recusaram. Então, decidi me voluntariar num abrigo de animais da região para passear com os cachorros que não tinham lar, já que seria o mais próximo que eu chegaria de ter um cachorro. Bem, meus pais ficaram tão impressionados com minha "dedicação altruísta" — como eles a chamaram —, que acabaram me deixando escolher e adotar um cachorro do abrigo.

Como você pode ver, isso funciona de duas formas.

As boas ações são premiadas, enquanto as más são castigadas. Coisas boas acontecem a pessoas boas e coisas ruins acontecem a pessoas ruins. É exatamente assim que o Carma funciona.

Bom, pelo menos, era assim que eu *achava* que funcionasse.

Mas isso foi antes de eu começar o segundo semestre do último ano na escola. Foi quando tudo mudou. Tudo o que eu pensava que sabia e tudo o que eu pensava que podia contar, de repente, foi por água abaixo.

Acredito que posso rastrear o dia exato em que tudo começou.

Aquele dia fatídico quando a Angie me ligou para contar a novidade.

Sim, definitivamente foi aquele o dia em que tudo começou. Antes que meu mundinho tão simples — em que dois mais dois eram quatro, e que certo e errado eram tão diferentes quanto a noite e o dia — fosse virado de cabeça para baixo. E, daquele momento em diante, não houve mais nada em minha vida que pudesse ser descrito como "simples".

O GATINHO DE *MARSHMALLOW*

Hoje meu celular parece tocar mais alto que o normal. E há certa urgência neste toque que dá a impressão de que, por alguma razão, esta chamada é mais importante que qualquer outra.

Encaro o celular por um momento e, então, rapidamente, decido ignorar a chamada. Estou estudando para uma prova muito importante de História da Europa e realmente não quero ser incomodada.

O celular toca novamente.

Nem preciso olhar o identificador de chamadas para saber que é a Angie quem está sendo tão insistente. Todos os meus amigos têm *ringtones* próprios. O *ringtone* da Angie é uma música famosa de *hip-hop* que ela insiste em declarar que já curtia muito antes de qualquer outra pessoa. Em minha opinião, acho que ela simplesmente não quer admitir que segue a "modinha". Isso prejudicaria sua reputação frágil de "contracultura" que ela passa tanto tempo aperfeiçoando.

De qualquer forma, acho que essa música em especial perde a graça depois do décimo segundo toque. E, levando-se em conta o fato de que Angie me liga pelo menos 16 vezes por dia, sinto-me, agora, oficialmente enjoada dessa música.

Ignoro a ligação de Angie novamente e continuo lendo sobre a Tomada da Bastilha. O que quer que seja *tão* importante pode esperar, pelo menos até que o rei Luís XVI tenha sua cabeça cortada.

O telefone toca pela terceira vez.

Enfim, suspiro e atendo:

— O que foi?

Normalmente, Angie me repreenderia pelo cumprimento nada amigável, porém, nesta tarde, parece que ela tem coisas mais sérias com que se preocupar do que com meu tom de voz.

— Maddy, vem para Miller *agora*!

— Não posso. Estou estudando para a prova de História — respondo ligeiramente chateada.

— Para com tudo e desce aqui de uma vez — ela diz praticamente aos berros. — Garanto que é muito mais emocionante que a Revolução Francesa.

— Sei, como se isso fosse difícil — respondo com sarcasmo.

— Vem logo! — e, em seguida, desliga o telefone.

Angie é minha melhor amiga desde a sexta série. Ela é, provavelmente, quem me conhece melhor, mais que qualquer outra pessoa em minha vida. Por exemplo, ela sabe que, neste exato momento, vou ficar andando pelo meu quarto, carrancuda, pelos próximos minutos, tentando decidir se vou ou não ceder aos seus caprichos. E que vou acabar fechando o meu livro com a cara feia, calçando os sapatos e dirigindo por 12 quarteirões até a Farmácia Miller, onde ela trabalha *quase* meio período como caixa. Digo *quase* antes de meio período porque, apesar de ser, de fato, um emprego de meio período, ela passa somente a metade desse tempo trabalhando; na outra metade ela lê as revistas que ficam na prateleira perto da caixa registradora.

Paro o carro no estacionamento da farmácia em exatos nove minutos após sua ligação, já sabendo que ela vai se parabenizar assim que eu atravessar a porta, incrivelmente orgulhosa da própria habilidade de cronometrar meu tempo para tomar decisões de última hora.

Arrasto-me loja adentro, que está vazia, e me aproximo da caixa registradora, onde ela folheia a edição de fevereiro da nossa revista preferida, a *Garota Moderna*. Na verdade, temos razões completamente diferentes para gostar dessa revista. Gosto de ler as seções sobre as tendências da moda, as últimas fofocas das celebridades e os conselhos amorosos, enquanto Angie, até onde sei, somente se interessa em ler a revista para suprir o estoque de pessoas e produtos que ela pode criticar.

— O que é tão importante que não dava para você me contar pelo telefone?

Angie olha para cima e, sem ao menos me dizer "olá" direito, empurra com força a revista para minhas mãos. Consigo pegá-la antes que caísse no chão.

— Abra na página 35.

Apoio meu peso em uma perna só e, com uma expressão frustrada, abro a revista agora amassada. Enquanto vou virando as páginas com ignorância, digo:

— Você sabe que essa prova de amanhã é minha única chance de subir a nota de B para A e que não gostei nada de você ter me arrastado aqui só para ficar reclamando do que quer que você tenha... — paro de falar, de repente, porque quase engasgo quando vejo a página à minha frente.

Angie ficou me encarando, sorrindo, com uma expressão do tipo "avisei você".

— Ai, meu Deus! — exclamo enquanto olho a página descrente. — Eles publicaram?

Ela faz que sim com a cabeça, empolgada.

— Publicaram!

— Eles *realmente* publicaram? — ainda não consigo me convencer do que estou vendo à minha frente.

— Eu disse que era mais emocionante que a Revolução Francesa.

Dobro a página na metade e aproximo-a do rosto para poder analisar o texto do longo parágrafo que preenche aproximadamente um quinto da página. Acima dele, lê-se o nome MASON BROOKS impresso com letras grandes em negrito e, bem ao lado, está a foto do meu namorado. Sim, *meu* namorado na revista *Garota Moderna*, para todo mundo ver!

Inscrevi a foto dele no concurso mensal da revista, chamado "Conheça o meu namorado". Mas isso foi há quase seis meses. E, depois de três meses correndo até a banca de jornal no momento em que a edição mais recente chegava, para checar se minha inscrição havia sido escolhida, acabei desistindo.

Veja bem, a cada mês eles escolhem apenas cinco caras para publicar. Mason é o monitor principal da nossa turma, acabou de tirar uma nota altíssima nos exames finais para a faculdade, é um dos melhores jogadores do nosso time principal de futebol *e* já recebeu, antecipadamente, a carta de aceitação na Universidade Amherst para o próximo ano. E ainda mais, eu o acho um gato. Tipo, muito gato. Sei que sou suspeita para falar e tudo o mais, mas ele tem esses olhos incrivelmente verdes com longos cílios escuros. Sua pele é cor de oliva e o cabelo é escuro com fios sedosos, é tudo de bom passar os dedos por eles.

Enfim, tenho consciência de que ele é um gato e um jogador de futebol sensacional *e* consegue conciliar isso tudo com o fato de ser o presidente da classe, o que é muito impressionante. Quero dizer, pessoalmente, ele me surpreende todos os dias. Entretanto, nunca imaginei, nem em um milhão de anos, que a *Garota Moderna*, de fato, o escolheria. Bem, talvez eu tenha tido algumas fantasias rápidas sobre essa possibilidade. Como as coisas que poderiam acontecer com a seleção da foto do Mason: todos na escola vendo a revista, eu vivendo uma dessas popularidades instantâneas que acontecem somente em filmes bregas para adolescentes e talvez, quem sabe, uma nomeação para a rainha do baile de formatura. Minhas roupas transformando-se magicamente em peças da última moda (seja porque, de repente, eu saberia como combinar roupas da moda ou, simplesmente, porque todos começariam a idolatrar qualquer coisa que eu vestisse, o que daria na mesma) e, simples assim, Mason e eu nos transformando no casal mais popular do Colégio Colonial.

De qualquer forma, isso era muito mais emocionante que qualquer outra coisa que eu pudesse imaginar. Sem precisar mencionar que era totalmente surreal.

— Leia em voz alta — insiste Angie. — É mesmo um artigo bom.

Agarro a revista com força e começo a ler.

— "Mason Brooks, veterano do Colégio Colonial no Vale Pinheiro, Califórnia, desesperadamente devotado à namorada, Madison Kasparkova, desde o segundo ano do Ensino Médio" — paro de ler e olho para a Angie com um sorriso bobo no rosto. — Sou eu!

— Eu sei — ela diz, revirando os olhos. — Continua lendo.

Inclino a cabeça, de novo, em direção à revista e continuo de onde havia parado.

— "Em uma sala de aula com mais de 400 alunos, eles ainda não se conheciam até que ambos decidissem aceitar um trabalho como monitores em uma colônia de férias da região. Estão juntos desde então. 'Ele é tão meigo comigo', diz Madison, 16 anos. 'Ele sempre sabe quando estou com mau humor ou em um dia ruim e aparece à minha porta com meu doce favorito: balas de goma. Às vezes, elas são difíceis de serem encontradas. Não são vendidas em qualquer lugar. Mas, de alguma forma, ele sempre consegue encontrá-las. É como se ele tivesse escondido no armário um Aparelho Localizador de Balas de Goma ou alguma coisa assim'."

Olho para Angie de novo.

— Sim, eu escrevi isso! Fui eu! — sorrio radiante.

— Eu sei. — responde Angie novamente. — Você só me fez ler a carta 50 vezes antes de enviá-la.

— É engraçado, não é? Você não acha que é engraçado? — pergunto paranoica, de repente, imaginando todas as pessoas do planeta lendo aquelas linhas e achando que sou uma completa idiota por dizer "Aparelho Localizador de Balas de Goma".

— É — acalma-me Angie com má vontade. — É engraçado. Era engraçado quando você escreveu. Ainda é engraçado agora.

Um pouquinho satisfeita, volto para a revista.

— "Quando Mason Brooks não está passando o tempo com sua namorada formiguinha e apaixonada, ele realiza suas obrigações como presidente da turma, além de ser o *chef* em uma pizzaria da região por meio período. Mas não fiquem muito derretidas por esse gatinho de *marshmallow*, meninas. Mason e Madison já fizeram planos para entrar na mesma universidade após a formatura. Parece que este casalzinho encantador foi feito para durar."

Fico em um estado de perplexidade total enquanto tento entender tudo o que se passou nos últimos cinco minutos. Meu namorado, Mason Brooks, na revista *Garota Moderna*! Ainda o chamaram de "gatinho de *marshmallow*". Ok, eu sei, é um pouco cafona, mas e daí? Isso é *sensacional*! Todas as garotas deste país verão isso. Todas as garotas deste país ficarão obcecadas pelo *meu* namorado.

De repente, ouço gritos agudos e superempolgados vindos da entrada da farmácia e percebo que não fui a única pessoa para quem Angie ligou contando a novidade.

— Onde está? Deixe-me ver. Como ele saiu na foto? Ai, meu Deus, é tão emocionante.

Angie e eu nos viramos para ver nossa melhor amiga, Jade, correndo para dentro da farmácia, o rosto completamente vermelho, com os cabelos loiros até os ombros esvoaçando desenfreadamente atrás dela. Com passos acelerados na direção da caixa registradora, tenta agarrar a revista de minhas mãos, que ainda a apertavam com força.

— Deixe-me ver! — grita ela.

Entrego a revista para Jade e observo atentamente sua fisionomia brilhando como uma árvore de Natal enquanto seus olhos leem às pressas o artigo.

Levanta a cabeça subitamente.

— Eles citaram suas palavras!

Meu sorriso radiante não vacila.

— Eu sei.

— Isso é muito legal! — reflete ela ao continuar lendo.

Olho atentamente seu rosto esperando mais reações, até que, finalmente, ela rompe em gargalhadas:

— "Aparelho Localizador de Balas de Goma". É hilário!

— Você acha? — pergunto de novo.

Jade faz que sim com a cabeça, confiante.

— É definitivamente engraçado.

Angie meneia a cabeça para nós e volta-se para um cliente que acabara de aparecer na caixa registradora. Jade e eu, instintivamente, damos um passo de distância para poupar o estranho da agonia de ouvir nossos gritos, inconvenientemente altos, de menina.

— Mas o Mason não trabalha mais na pizzaria — Jade comenta.

Dou de ombros simplesmente.

— Ele trabalhava quando enviei a foto. Mas duvido que isso tenha importância.

A verdade é que Mason pediu demissão do emprego na Pizzaria Brooklyn depois de apenas seis meses trabalhando lá. E, para ser sincera, não sei realmente por que ele precisava de dinheiro extra, afinal, seus pais, basicamente, pagam tudo o que ele quer.

Jade acaba de ler o artigo e, então, olha-me aturdida.

— UAU!

Pego a revista de volta e a seguro com muita força, como se a possibilidade de derrubá-la pudesse quebrar tudo em milhões de pedaços, e eu, quem sabe, acordasse desse sonho maluco.

Angie acaba de ajudar uma senhora com a compra de um xampu e condicionador dois em um e um saco de algodão, e sai detrás do balcão para se juntar a nós.

Jade, carinhosamente, coloca o braço em volta de meus ombros.

— Isso é demais! — resumindo meus sentimentos em três palavrinhas.

Fico olhando para frente, distraída.

— Não sei nem o que fazer comigo mesma.

Angie ri e balança a cabeça.

— Bem, Maddy — diz ela num tom sério —, a primeira coisa que você deve fazer é comprar essa revista, porque, honestamente, você já a amassou tanto com seus dedos delicados que agora será impossível vendê-la. Depois, você irá para casa estudar para sua prova de História da Europa, porque, acredite ou não, a senhora Spitz não aceitará isso — aponta a revista com o dedo — como uma desculpa aceitável por não saber sobre a Maria Antonieta e o Luís Trigésimo Segundo.

— Décimo sexto — corrijo-a.

— Tanto faz. Eles são todos horrorosos com aqueles narizes gigantes. *Luís Le Grand Narigon* soa bem melhor.

Dou risada. Angie é uma daquelas pessoas que sempre estão calmas e racionais durante qualquer momento de crise ou de extrema emoção. Se ela estivesse no Titanic no momento em que ele afundava, certamente não teria sido uma daquelas mulheres gritando e correndo para todos os lados como uma galinha sem cabeça. Ela teria sido uma dos que organizavam todos os outros, mandando que se calassem e subissem nos barcos salva-vidas porque gritar não os levaria a lugar algum... exceto ao fundo do oceano.

Coloco a mão no bolso da minha calça *jeans* e alcanço algumas notas, que entrego a Angie. Ela se dirige até o caixa, registra o valor da revista destroçada e entrega-me o troco.

— Obrigada por comprar na Miller — diz radiante e com um pouco de sarcasmo.

Despeço-me de minhas amigas, murmurando algo sobre a prova e dirijo de volta para casa meio entorpecida. Imediatamente, começo a fazer planos para voltar à farmácia e comprar pelo menos uns vinte exemplares da revista. Ou tantas quanto minha reduzida conta bancária permitir. Afinal, isso é definitivamente o tipo de coisa que você vai querer mostrar para seus netos quando... Droga! Tenho que ligar para o Mason. Ele não tem ideia de que seu rosto está estampado nas revistas espalhadas por todo o país, vestido com um avental manchado de molho da Pizzaria Brooklyn e sua bochecha esquerda com farinha branca. Escolhi essa foto especialmente, em vez de uma daquelas padrão, tipo sem camiseta, porque tenho certeza de que seria a opção de qualquer garota. Acho que esta o faria parecer modesto e pé no chão, capturando com honestidade toda sua essência.

Estou totalmente ansiosa para chegar em casa e pegar meu celular. Meu pai me falou milhares de vezes sobre a lei, na Califórnia, que proíbe o uso de celular quando a pessoa está dirigindo, exceto com um fone de ouvido. Mas, se você tem menos de 18 anos, nem isso é permitido. E, sem querer correr o risco de perder meu celular *ou* meus privilégios de motorista, sempre esperei — um pouco impaciente, devo acrescentar — até que chegasse ao meu destino antes de fazer ou atender ligações. Isso pode ser muito irritante com a mania da Angie de me ligar repetidamente até que eu atenda o celular.

Aperto o primeiro botão da discagem rápida e espero o Mason atender. Cai direto na caixa postal. É mesmo. Esqueci que ele ainda está no treino de futebol.

Fico tentada a dirigir até o campo de futebol e esperá-lo terminar o treino para poder mostrar o artigo, mas sei que meu livro de História está me esperando lá em cima e *não posso* reprovar nessa prova amanhã. Preciso manter minha média alta se espero, um dia, ser aceita na Amherst com o Mason.

Então arrasto-me para dentro de casa e subo as escadas até meu quarto. Enquanto vou me acomodando para retornar à leitura sobre o amor dos franceses pela guilhotina e a formação da Assembleia Nacional, o telefone toca novamente. Desta vez era Jade, e atendi usando a desculpa de que a Revolução Francesa aconteceu, tipo, milhares de anos atrás e tudo isso estava acontecendo agora. E todo mundo sempre diz que temos que viver o agora, não diz?

— Ai, minha nossa! — diz ela sem fôlego, assim que atendo. — Acabei de me dar conta do que toda essa história do artigo da revista significa.

— O quê?

— Significa que, finalmente, poderemos entrar no *loft* — ela pronuncia a palavra *loft* com um suspiro alto, como se fosse a localização de um ponto ultrassecreto da CIA em que informações confidenciais são transmitidas por uma linha privilegiada.

— Você acha? Só por causa disso? — pergunto, achando pouco provável.

— É óbvio! — grita Jade no meu ouvido. — Acorda! Depois disso, o Mason vai se transformar no cara, tipo, mais popular da escola. E, considerando o fato de que você é a namorada dele e *nós* somos suas amigas, já estamos dentro.

O famigerado *loft* a que Jade se refere é, na verdade, um apartamento num condomínio no centro de São Francisco que pertence aos pais de Spencer Cooper, mas que raramente usam, já que estão sempre viajando por lugares muito mais glamorosos ao redor do mundo. Pelo visto, nossa cidadezinha ao nordeste de São Francisco não é empolgante o suficiente para que fiquem mais que duas semanas. O que significa que Spencer fica geralmente sozinho com seu BMW novinho, com um cartão de crédito sem limite e, o mais importante, com as chaves do *loft*. Spencer Cooper é famoso por duas razões: ser o garoto mais rico da escola e também o mais convencido. Na verdade, nunca conversei com ele (e, honestamente, não acho que um dia vou querer conversar), mas, pelo que já ouvi falar, ele é um daqueles caras que se acham totalmente melhores que qualquer um porque os pais têm dinheiro. Na sétima série, houve um boato de que ele havia pago 15 mil dólares para o professor de Inglês mudar sua nota de C para B. Sinceramente, acho que foi um péssimo negócio. Se você vai pagar alguém para mudar sua nota, que seja pelo menos para um A.

Enfim, o Spencer começou a dar essas festas no *loft* no início do ano passado e, rapidamente, se transformou no único lugar para os alunos do Colégio Colonial estarem e serem vistos. Todo mundo que era alguém ia às festas do *loft*. Pessoas como Heather Campbell, a garota mais popular da nossa escola, e sua melhor amiga, Jenna LeRoux, e todas as pessoas que Heather e Jenna julgassem dignas o suficiente para saírem com elas.

Até o momento, minhas amigas e eu nunca estivemos lá. Somente *ouvimos* falar sobre o quanto é fabuloso. Porque não é o tipo de festa em que você simplesmente aparece. Existe uma lista em algum lugar que informa quem tem permissão para entrar. Qualquer um que não esteja na lista é barrado na porta. Infelizmente, ainda não conseguimos entrar nessa lista.

Não tenho muita certeza de quem controla ou mantém essa lista, mas sua existência é inegável. E sei disso porque tentei ir à notória festa no final do ano passado, depois que Mason ganhou a eleição para presidente da turma; porém, nossa entrada foi barrada com rispidez. Foi um golpe contra o meu ego, então acabei excluindo isso da memória. Jade havia insistido que a vitória do Mason e minha associação com sua vitória, não somente por ser a sua namorada, mas também como a coordenadora da sua campanha eleitoral, garantiriam nossa entrada. Mas, aparentemente, políticas escolares não têm peso quando se trata do jogo de ser o mais popular em nossa escola.

O presidente John F. Kennedy, provavelmente, também não teria entrado no *loft*.

— Não sei, não — falo para Jade, hesitante. — E se eles não deixarem a gente entrar? Não quero ter que passar por aquela humilhação de novo.

— Impossível — insiste ela. — Contanto que o Mason seja convidado, o que com certeza vai acontecer no momento em que a notícia da revista se espalhar, aí teremos prestígio.

Quando desligo o telefone e tento me concentrar novamente no livro de História, minha mente não consegue parar de pensar no que Jade falou. Seria mesmo possível entrar na festa do *loft* só por causa de um artigo idiota de uma revista?

Talvez, então, minha fantasia não estivesse tão distante da realidade, no final das contas. Talvez esse pequeno artigo *fosse* mesmo nos transformar no casal mais popular da escola. Talvez Heather Campbell, uma hora dessas, começasse a me ligar pedindo conselhos sobre a última moda primavera-verão e sobre os lugares em que poderia fazer as unhas ou como poderia encontrar um namorado tão maravilhoso como o Mason. Eu não a culparia. Quero dizer, sou praticamente uma escritora que publica em revistas agora. Quem não gostaria de pedir conselhos para uma pessoa que tem suas palavras publicadas na revista *Garota Moderna*?

De repente, a Revolução Francesa pareceu tão insignificante comparada à minha própria ascensão ao trono que acabo abandonando o livro e perambulando na frente do guarda-roupa, determinada a escolher a roupa mais transada que tivesse lá para usar no dia seguinte.

A Heather Campbell do Colégio Colonial

Durante toda a minha vida eu quis ser popular.

Não sei de onde veio essa obsessão, mas, desde quando eu era uma garotinha, a vida dessa galera popular do Ensino Médio me parece mais glamorosa que qualquer outra coisa que eu pudesse imaginar.

Então, na sexta série, conheci Heather Campbell e, desde o momento em que a vi, soube que queria ser como ela. Seu cabelo e seus dentes eram perfeitos, a maquiagem dava a impressão de que ela acabara de sair de um salão de beleza, as roupas eram meticulosamente iguais às de uma revista de moda. Ela era simplesmente linda, em todos os sentidos dessa palavra.

Com o passar dos anos, pude compreender que, em cada colégio, em cada estado deste país, há sempre uma Heather Campbell. A garota que simplesmente nasceu com o gene da popularidade... e também com o *jeans* mais popular, neste caso.

Minha mãe sempre tenta me confortar dizendo que garotas como Heather Campbell costumam chegar ao pico muito cedo e rapidamente murcham. Essa é a razão de ela ter a aparência muito melhor que qualquer outra garota agora. E que, no dia em que eu for à reunião de dez anos depois que nos formamos no colégio, serei muito mais bonita que ela. Ao que sempre respondo: "Não quero ser mais bonita daqui a dez anos. Quero ser bonita agora".

Afinal, qual é a minha vantagem, neste momento, em saber que *posso* ou não estar linda de morrer quando fizer 27 anos? Não dá para ir à escola todos os dias com um cartaz gigante pendurado em meu pescoço escrito "Acreditem, em dez anos vou parecer assim" e, ao lado, uma seta apontando para a foto de uma *top model*.

Heather Campbell é simplesmente uma deusa, e não consigo imaginá-la parecendo menos que isso... em idade alguma. Ela tem cabelos de seda, longos, castanho-alourados, além de a pele ter um bronzeado perfeito. Como se a mãe dela tivesse dado à luz em uma cama de bronzeamento artificial ou algo parecido.

E tenho certeza de que ela não é mais virgem. E que não deve ter acontecido somente algumas vezes.

Eu, pelo contrário, ainda *sou* virgem. Eu sei, já estou namorando Mason há dois anos; então, que diabos devo estar esperando, certo? Bem, não sei exatamente o que estou esperando. Penso que deveria esperar sentir que é o momento "certo". E, até agora, isso não aconteceu. Talvez eu me sinta diferente assim que entrarmos na faculdade, no ano que vem, quando saberei que não vai ter nenhum pai ou mãe sentado na sala ao lado.

Na verdade, Angie é a única do nosso grupo que *já* perdeu realmente a virgindade. Jade chegou perto ano passado, com o cara que ela namorava na época, o Seth, mas ele fez uma coisa horrível com ela e, desde então, nós tentamos não tocar no assunto.

Minhas amigas não aprovam minha obsessão por Heather. Elas acham que é adolescente e imatura. Angie diz que Heather é uma loira burra, além de ser um desperdício de células epidérmicas de qualidade. Jade fala que eu deveria ser eu mesma, linda e única, e parar de me preocupar com o que as outras pessoas estão vestindo ou fazendo ou com quem estão transando. E Mason diz que a minha energia seria mais bem usada em qualquer outra coisa, pois duvida que Heather já tenha dito algo inteligente em toda sua vida. Uma opinião completamente equivocada. Quero dizer, ela pode não ser uma aluna nota dez, mas tenho certeza absoluta de que ela tem milhares de coisas fascinantes para dizer.

Por exemplo, uma vez, no nono ano, Heather e Jenna estavam paradas à minha frente, na fila da cantina, e a ouvi contando para Jenna que achava o

Senhor Langley, professor de Biologia, parecido com o senhor Cabeça de Batata, mas com todas as partes colocadas nos lugares errados. Eu achei hilário. E incrivelmente inteligente. Porque ele, tipo, parece mesmo.

Nenhuma das minhas amigas riu quando repeti a história. Mas isso aconteceu porque provavelmente não contei com o arroubo inconfundível da Heather.

***

Definitivamente há rumores no Colégio Colonial na manhã seguinte. Posso sentir isso no momento em que passo pelo portão de entrada com Mason. Milhares de olhos vão seguindo nossos passos pelo corredor. As pessoas estão olhando para nós! Para *nós*! Acho que ninguém nunca reparou em mim entrando na escola desde... bom, desde que comecei a ir à escola. Tem que ser por causa da revista. O que mais poderia provocar isso?

Cochicho para Mason:

— As pessoas sabem.

Mas ele simplesmente balança a cabeça para mim.

— Ninguém se importa.

Mason tende a diminuir o valor das coisas dessa maneira. Ontem, passei uma hora no telefone tentando convencê-lo de que o artigo mudaria nosso *status* social, mas ele discordou firmemente. Acho que ele não é muito realista quando se trata dos alunos da nossa escola. Ou sobre adolescentes em geral, nesse caso. Quero dizer, ele acha que a razão de as pessoas terem votado nele para presidente da nossa turma é a promessa de inclusão do programa de estudo-trabalho de verão em uma universidade da região. Não tenho coragem de lhe dizer que o verdadeiro motivo que o elegeu presidente é que, no último minuto, o convenci a anunciar uma proposta de um programa de entrega de almoço com a rede de restaurantes *fast-food* próxima daqui.

— Acredite — digo-lhe, confiante. — Eles se importam.

Somente na parte da manhã, antes do intervalo, três pessoas vêm me perguntar se o Mason Brooks que está na *Garota Moderna* deste mês é o mesmo Mason Brooks que frequenta esta escola, o que me faz sentir uma assessora de imprensa de celebridades. Parece até que estou vendo um repórter de fofocas desses canais de celebridades anunciando: "Pessoas ligadas à turma de Mason Brooks acabaram de confirmar o rumor de que ele está embelezando as páginas da versão *teen* da sempre popular revista *Garota Moderna*. Aparentemente, sua namorada há dois anos, Madison Kasparkova, enviou para a competição mensal 'Conheça o meu namorado' a foto e a história que os editores analisaram e peneiraram entre milhares de outras na busca de apenas cinco namorados em todo o país. O garoto da vez, Mason Brooks, nega ele mesmo que este artigo tenha alguma conexão com sua recente guinada na escada social do Colégio Colonial".

No intervalo, Leslie Gellar, a líder de torcida do colégio, vem até a mesa em que Jade, Angie e eu estamos comendo para contar que amou minhas palavras publicadas na revista. Agradeço o mais modestamente possível, tentando incorporar uma atitude de celebridade com um obrigada-pelo-apoio--sempre-tão-gracioso.

— Isso é tão legal — diz Jade esfuziante para mim assim que Leslie se afasta. — Está se espalhando com toda a certeza.

— Eu sei! — sussurro ao morder uma batata frita. — Mason está parecendo um astro de cinema ou algo parecido.

— Tanto faz — exclama Angie, passando para trás da orelha uma mecha do cabelo escuro tipo chanel. — Não dou uma semana até que o boato acabe e todos se esqueçam dele de novo.

Não me surpreende a amargura de Angie. Ela nunca compartilhou comigo essa obsessão em ser popular ou em ser amiga de alguém que fosse popular. Na verdade, ela se opõe totalmente a essa ideia, a qual chama de "competição vil de popularidade no colégio". Apesar de nunca ter contado essa teoria para ninguém, tenho certeza de que o rancor de Angie tem a ver com o fato de que ela, até a sexta série, era a melhor amiga de Heather Campbell.

Antes que as panelinhas dos populares separassem os "descolados" dos que "não valem a pena" e cada um, tipo, só pudesse ficar amigo de pessoas do seu grupo. Então, passamos para o Ensino Fundamental II e Heather começou a namorar um aluno da oitava série. De repente, ficou ultrapopular e parou completamente de falar com Angie, como se Heather, em um segundo, considerasse Angie a amiga mais fiel na busca pelo prestígio e, no outro, a abandonasse como se fosse um nada. Dessa forma, é fácil compreender por que obviamente Angie desaprova minha sede de popularidade.

E sei que o fato de Leslie Gellar comentar sobre o que falei na revista só deixa as coisas piores, pois ela é nada mais que a atual namorada do ex-namorado da Angie, Ryan Feldman.

— Ei! — digo defensiva. — Ninguém vai esquecê-lo. Ele é o presidente da turma. Se há alguém capaz de ficar na mira do público, é o Mason.

— Na mira do público? — Angie me lança um olhar de incredulidade. — Ele não é um senador, Maddy, ele está na página 35 de uma revista para adolescentes. Vamos abaixar um pouco a bola.

— Bom, eu acho que é empolgante — defende-me Jade. — E, quando você estiver na Universidade Amherst, ano que vem, vai ter algo para se gabar.

— *Se* — corrijo-a, tomando um gole de meu refrigerante. — Se eu for aceita.

Desde dezembro, quando enviei minha inscrição para a faculdade, entrar na Amherst é a única coisa em que consigo pensar. Quero dizer, além de Mason. Mas ele é parte da obsessão. Três gerações da família de Mason se formaram na Amherst, então não é surpresa alguma que eles tenham lhe oferecido uma vaga antecipada. Na verdade, ele nem precisou se inscrever em nenhuma outra faculdade. Enquanto eu estava ocupada e estressada com todas as minhas inscrições para enviar e todos os trabalhos para fazer, no mês passado, Mason estava sentado numa boa em meu quarto assistindo à TV.

— Ora, por favor — disse Jade. — Se Mason consegue entrar, você também consegue. Suas notas são maiores que as dele.

— Certo, mas, nos exames finais, as notas dele estão muito mais altas que as minhas — lembro-a. — Ainda acho que devia fazer como ele. Suas notas melhoraram muito na segunda prova porque fez aquelas aulas na empresa Kaplan e estudou pra caramba.

— Sim, mas até hoje não entendo por que ele teve que refazer os exames em uma escola qualquer da cidade. O quê? Por acaso eles têm cadeiras mais macias lá ou algo parecido? — comenta Angie com malícia, mordendo um pedaço do sanduíche de atum e limpando a boca com um guardanapo.

Suspiro ruidosamente:

— Já falei para vocês. Ele não queria refazer os exames com os amigos porque achou que se distrairia. Só estava pensando no futuro. Ele é responsável assim.

Angie abre a boca para contestar, mas Jade rapidamente interrompe com:

— Hum, vocês vão querer desistir dessa conversa, porque o Mason está vindo para cá.

Olho para a direção indicada e vejo meu namorado se dirigindo à nossa mesa. Ele parece nem perceber o fato de que as pessoas pararam de conversar para olhá-lo passando.

— Você acredita em mim agora? — pergunto assim que ele se senta a meu lado.

— Acredito em quê? — diz ele, tirando o lanche da sacola.

— O que você quer dizer com "em quê"? — exclamo. — Todo mundo está olhando para você. Eles sabem sobre o artigo.

Mason ri alto da ideia e abre uma latinha de refrigerante.

— Eles só estão animados porque convenci a administração de que precisamos de livros novos para o ano que vem.

Jade quase engasga:

— Desculpe-me, Mason, mas livros novos ou qualquer coisa que a administração diga a respeito disso não importa a ninguém, ainda mais aos alunos do último ano.

Ele toma um gole da soda.

— Eles vão se importar quando abrirem aquele livro novo de álgebra e descobrirem que nenhuma página está pichada.

Jade e Mason continuam nessa conversa por algum tempo, mas nem presto muita atenção, pois estou mais concentrada em uma coisa totalmente diferente. Heather Campbell está caminhando em direção à nossa mesa.

— Ai, meu Deus — digo quase sem fôlego. — Olhem quem está vindo para cá.

Ao mesmo tempo, Jade, Angie *e* Mason viram suas cabeças.

— Não olhem juntos — grito, histérica.

Angie balança a cabeça:

— Você é absurda. Na verdade, não acho que devo ficar aqui e acabar ouvindo a bobagem desmiolada que ela tem para dizer — com essa fala, levanta-se, joga a sacola do lanche na lixeira mais próxima e se dirige à porta, deixando bem claro seu argumento ao dar um encontrão no ombro da Heather assim que ela passa.

Heather não se abala por essa rejeição e continua andando, inalterável, em nossa direção.

E aí percebo que estou encarando-a espalhafatosamente. Porém, não importa o quanto tente, não consigo olhar para outra direção. Heather está vestindo o *jeans* mais incrível, que parece estar abraçando seus quadris perfeitamente, como se tivessem sido feitos para o corpo dela. E o cabelo está reluzindo sob as luzes fluorescentes da cantina. Nem acredito que isso é possível com a iluminação horrível daqui.

Ela se aproxima, joga o cabelo para trás dos ombros e inclina-se para frente com a mão sobre a mesa.

— Olá, Mason. Olá, Madison — diz ela, pronunciando meu nome completo com entonação perfeita em cada sílaba.

Ninguém costuma me chamar de outra coisa a não ser Maddy, exceto alguns professores ou a minha avó senil nos raros dias em que realmente se lembra do meu nome.

Mason sorri, educado, e responde um politicamente correto:

— Olá, Heather.

Tento, com dificuldade, me acalmar:

— Olá, Heather — consigo repetir com a voz um pouco aguda. Imediatamente, limpo a garganta.

— Ótima a foto na revista, Mase — diz ela, fazendo um beicinho.

— Obrigado — responde ele alegremente, confirmando seu infalível charme presidencial. — Mas foi Maddy quem escolheu.

Confirmei com a cabeça, ansiosa:

— Isso mesmo. Eu que escolhi.

O que você está fazendo? Dou bronca em mim mesma mentalmente. *Pare de repetir tudo o que ele diz!*

— Bom, foi a escolha certa — diz Heather com uma segurança inabalável. Como se tivesse acabado de sair de um romance de Jane Austen ou coisa parecida.

— Obrigada — falo num estalo antes de olhar para Jade.

Não consigo evitar sentir-me um pouquinho mal por ela. Heather nem mesmo notou sua existência. Mas tenho certeza de que é porque ela não sabe o nome de Jade e não perguntou para não ser grosseira. Há mais de 400 pessoas na nossa turma. Não é esperado que ela decore todos os nomes do anuário escolar somente porque é popular.

— Enfim — continua dizendo com seus olhos cor de ágata brilhando —, eu estava falando agora mesmo com Spencer Cooper, antes do intervalo, e nós dois achamos que seria muito legal se você fosse no *loft* sábado à noite.

Olho aflita para Jade, que ergue a sobrancelha para mim, como se dissesse "Eu falei".

— E então, Mason, o que me diz? — Heather inclina a cabeça para o lado com um sorriso malicioso para ele.

— Bem, não tenho certeza se... — ele começa a falar, mas dou-lhe um chute na canela por baixo da mesa e interrompo-o:

— Com certeza, estaremos lá! — digo animadamente.

Mason lança-me um olhar do tipo "Mas que diabos?" e esfrega a perna dolorida enquanto Heather sorri de maneira estranha para mim:

— Ótimo — diz ela, jogando novamente o cabelo para trás. — Então, acho que vejo você no sábado — dá uma meia-volta em suas sapatilhas *pink* e fico olhando-a até que atravessa a cantina, juntando-se a Jenna novamente.

— Nossa, Maddy — reclama Mason, ainda esfregando a perna com a mão. — Doeu pra caramba.

Mas nem ouço o que diz. Sinto que ainda estou em um transe, com meus olhos paralisados em deslumbramento em direção ao lado oposto da cantina.

— Maddy — diz Mason, acenando com a mão na frente do meu rosto.

Pisco rapidamente:

— Desculpe. Eu a estava encarando?

Mason e Jade começam a rir:

— Só um pouco — diz ele. — Você sabe que ela é somente Heather Campbell e não *Naomi* Campbell, certo?

— Tanto faz — digo, pegando o pacote de batata frita para comer a última. — Até parece que você não ficaria com ela se tivesse uma chance.

Fico esperando intensamente que Mason negue o que acabei de dizer, mas ele não fala nada. E, assim que olho para ele, percebo que não está olhando para mim. Seu olhar havia se deslocado um centímetro para a direita. Sigo a direção de seus olhos até que percebo que estou olhando novamente para Heather Campbell.

— Mason! — dou um grito, chocada.

Ele se vira imediatamente para mim:

— O quê?

— Você ficaria?

— Ficaria o quê?

— Ficaria com Heather Campbell se tivesse uma chance? — repito com um suspiro exasperado e olho para Jade, buscando apoio moral.

Mas, infelizmente, ela está olhando para baixo num esforço anormal para cortar um pedaço de carne com a ponta do garfo de plástico. Sei que ela está somente evitando ser confrontada nesse assunto.

Mason solta uma gargalhada:

— Com certeza não, nossa! Ficar com *ela*? Nunca, nem em um milhão de anos. Além disso, por que eu iria querer qualquer outra pessoa se já tenho você? — e então ele me lança um daqueles sorrisos irresistíveis que sempre fazem as minhas pernas ficarem trêmulas.

É tipo uma mistura imbatível de adoração e incredulidade. Gosto de descrever essa sensação como um "Amo você, mas, às vezes, você é mais que absurda". E imediatamente o perdoo. E também fica difícil continuar chateada com tanta coisa passando por minha cabeça neste momento.

Nós, finalmente, iremos ao *loft*!

Atrás da porta número três

A semana se arrasta parecendo que o sábado vai se afastando cada vez mais e mais. E a pior parte é que, quanto mais rápido eu quero que o tempo passe, mais devagar parece que as pessoas se movimentam a meu redor.

Quando, finalmente, o sábado chega, Angie, Jade e eu nos amontoamos na picape que os pais de Mason deram para ele de presente por ter sido aceito na Universidade Amherst e seguimos para o centro de São Francisco rumo ao apartamento de Spencer Cooper.

Angie relutou em ir desde o momento em que contamos que havíamos sido convidadas. Ela disse que não tinha interesse algum em passar o tempo com pessoas que davam festas com lista exclusiva de convidados. Porém, Jade e eu insistimos tanto que ela teve que ceder. Tenho certeza de que a resistência foi apenas um disfarce. Porque, para ser bem honesta, acredito que ela tem tanta curiosidade em saber o que acontece no famigerado *loft* quanto qualquer uma de nós. Não sei se é possível que exista alguém que nem ao menos imagine o que acontece lá.

Mason estaciona o carro em uma vaga com parquímetro a uns dois quarteirões de distância do moderno arranha-céu, e todos nós colocamos dois dólares para cobrir o valor cobrado. Assim que adentramos o *lobby*, sinto uma onda de adrenalina tomando conta de meu corpo. A última vez em que estive dentro deste prédio foi quando me retirava dele... logo depois de terem recusado nossa entrada para a festa no andar de cima. Não é exatamente a minha memória favorita.

Confirmo para mim mesma que esta noite será diferente. Todas as memórias ruins deste lugar serão substituídas por outras novas e empolgantes.

— Não consigo acreditar que você me convenceu a fazer isso — diz Mason enquanto subimos de elevador. — Por que estamos aqui de novo?

Dou-lhe uma cutucada com meu cotovelo:

— Porque este é o lugar para estar em um sábado à noite! — digo levemente irritada com sua pergunta.

— Segundo quem?

Levanto as mãos, frustrada:

— Segundo... todo mundo!

Mason balança a cabeça:

— Preferiria muito mais fazer o que sempre fazemos nos sábados à noite.

Lanço-lhe um olhar de incredulidade:

— Você quer dizer ir ao cinema e depois passar o tempo na lanchonete IHOP? — nem tento esconder o aborrecimento no tom de minha voz.

Mason concorda com a cabeça:

— Isso mesmo. Gosto de comer panquecas tarde da noite.

— Você não tem mais jeito.

Ao sairmos do elevador, é possível ouvir a música vinda detrás da porta de número 1.208. Sigo Jade pelo corredor, em direção ao som que parecia um *hit* do topo das paradas saindo de uma caixa acústica hiperestridente.

Angie é a primeira a chegar à porta. Ela olha para nós e faz gestos tirando sarro da gente em relação à porta fechada:

— E aí? Tem algum código secreto que eu precisava saber ou deveria apenas bater na porta?

— Apenas bata — digo-lhe com um suspiro exasperado.

Ela bate na porta três vezes. Esperamos. Não acontece nada.

— Bata mais forte — instruo, sentindo, de repente, como se fôssemos personagens do filme *O Mágico de Oz* esperando passar pelos portões da Cidade das Esmeraldas para, finalmente, encontrar o ilusório mágico, depois de uma longa e cansativa jornada até chegar aqui.

Enfim, alguns segundos depois, a porta se abre e a linda e alta Chandra Cruz aparece parada atrás dela.

Chandra e Spencer são amigos desde o primário. Acredito que eles namoraram, tipo, dois dias na sétima série, mas o boato é que não deu certo porque ambos concordaram que parecia mais que estavam namorando o próprio irmão ou a própria irmã. Então, decidiram permanecer amigos.

Ela olha para Jade, e depois para Angie e, finalmente, para mim. Mason está parado atrás de mim, encostado na parede do corredor com os braços cruzados, claramente reprovando esse mistério. O olhar de Chandra é frio como gelo. Obviamente, ela assumiu o papel de porteiro do *loft* (ou porteira, melhor dizendo) com muita seriedade. Como se estivesse guardando a entrada de uma dessas boates em que somente celebridades e o respectivo séquito têm a entrada permitida e qualquer outra pessoa que se atreva a tentar passar por ela acabaria logo sendo jogada dentro da lixeira do beco mais próximo.

— Não — diz ela com firmeza, balançando a cabeça e assoprando uma bola de chiclete.

Posso sentir um nó se formando em minha garganta. Não? O que ela quer dizer com *não*? Tipo, não pode entrar? Mas é impossível. Heather nos convidou. Pessoalmente! Isso não pode estar acontecendo... de novo.

E então a porta começa a se fechar. Penso rápido e seguro-a com minha mão para impedi-la:

— Espera!

Ela olha para mim com aquele olhar frio e duro que diz "Como se atreve a questionar minha autoridade?".

— Estamos aqui com meu namorado, Mason Brooks — digo e dou um passo ao lado para que ela possa ver Mason atrás de mim.

Ele começa a revirar os olhos até que ameaço ranger os dentes, olhando-o ameaçadoramente. Ele acaba sorrindo com má vontade e acena compassivo para Chandra.

Sabe como é, por ser o presidente da turma, imagina-se que ele deveria ser melhor nesse tipo de coisa.

Ao ver Mason, ela sorri largamente e abre a porta por completo:

— É claro, eu esqueci. Heather disse que você ia dar uma passada aqui. Entre.

Deixo escapar um enorme suspiro de alívio e dou, timidamente, um passo para dentro.

O primeiro pensamento que cruza minha mente assim que entro é *UAU!* O bom e velho *UAU!*

O lugar é incrivelmente grande. Um espaço amplo e aberto com chão de concreto e pilares quadrados por toda parte. As janelas são do chão até o teto, deixando uma vista espetacular da cidade, além da ponte Golden Gate a certa distância. A música está detonando e as pessoas estão espalhadas em sofás brancos chiquérrimos, paradas em grupos pequenos nos cantos da sala ou dançando no centro. No lado esquerdo, há um longo corredor com três portas vermelhas fechadas que parecem ser de quartos ou banheiros ou talvez *closets*. No lado oposto, há uma cozinha gigante bem ao lado de uma porta de correr de vidro aberta que leva à sacada de frente para a enseada.

É de longe a coisa mais sensacional que já vi. Parece um depósito gigante, exceto pela decoração, obviamente, feita com a ajuda de algum *designer* de interiores que, só por acaso, tem bom gosto. É o tipo de lugar que você veria na revista *People* quando as estrelas recebem fotógrafos em suas casas e vemos como é ser uma celebridade. E, pelo visto, aqui é *exatamente* o que parece.

— É incrível! — grito para Jade no meio do barulho da música.

Ela concorda com a cabeça, incapaz de falar.

— Melhor que o IHOP? — pergunto a Mason, erguendo a sobrancelha.

Ele dá de ombros, teimoso:

— Nada mal.

Procuro Heather com o olhar, mais para ver o que ela está vestindo e ter certeza de que a minissaia e as botas que comprei especialmente para a ocasião estão à altura. Finalmente, encontro-a em pé na cozinha, perto de Jenna LeRoux. Angie gosta de brincar que Heather e Jenna parecem estar amarradas por uma corda. E, cada vez que ela faz essa piada, eu quase falo, propositadamente, que, se Heather me deixasse ao menos ficar perto dela numa distância parecida, todos os dias, eu também não ficaria longe.

Para não ser injusta com Jenna, a verdade é que este é o apartamento do namorado dela, então, faz sentido que ela esteja aqui. Ela é praticamente a anfitriã. Olho em volta para ver se acho o verdadeiro anfitrião, mas não consigo encontrá-lo. Provavelmente, deve estar bebendo cerveja em algum lugar e se gabando do quão rápido é seu BMW.

No momento em que estou voltando a atenção para minhas amigas, vejo Seth Taylor sentado em um dos sofás no canto:

— O que *ele* está fazendo aqui? — pergunto, apontando em sua direção. — Quero dizer, não era para ele estar em outra balada agora?

Jade vira a cabeça e vê seu ex-namorado; então, imediatamente, vira-se para mim e dá de ombros:

— Tanto faz. Não me importo. Ele pode fazer o que quiser. Este é um país livre.

Olho para Angie para ver se tem algo a dizer sobre o assunto, mas ela dá de ombros também. Então, simplesmente, deixo para lá e sugiro que a gente dance.

Jade dá pulos de alegria, agarra minha mão e me puxa para o centro da sala enquanto Angie senta-se em um dos banquinhos ao lado do balcão. Mason acena da entrada e aponta a sacada, mostrando-me que vai ficar ali. Digo-lhe "Ok!" e olho para Jade, que já está totalmente envolvida no ritmo da música.

Jade é uma garota muito forte. Às vezes, ela me surpreende com sua habilidade de esconder os sentimentos e fazer todos pensarem que ela está bem, mas, em outras vezes, como esta noite, sinto-me triste por ela e fico pensando no motivo que a faz sentir necessidade de esconder isso das pessoas. Especialmente de nós, suas duas melhores amigas. Pois sei que, apesar do dar-de-ombros despreocupado que dizia "não estou nem aí", ver Seth Taylor na festa, com certeza, a incomoda. Quero dizer, como não incomodaria? Ano passado, ele disse que a esperaria até que estivesse pronta para transar e, no dia seguinte, ela encontrou uma embalagem de camisinha embaixo da cama dele. Aparentemente, quando ele disse "Vou esperar para transar", o que realmente quis dizer foi "Vou esperar para transar com *você*. Mas, com qualquer outra garota, é jogo limpo".

Jade ficou arrasada, mas declarou que já havia superado tudo em uma semana, mesmo que eu e Angie soubéssemos que não era verdade.

Minha música favorita começa a tocar e aceno para Angie vir se juntar a nós, mesmo sabendo que ela odeia dançar. Ela balança a cabeça dizendo firmemente que não.

Dou risada comigo mesma e volto-me para Jade, que parece tão feliz quanto eu. Isso é legal demais. Acabamos de chegar e já estamos aproveitando o máximo. Isso é definitivamente o que você deve estar fazendo num sábado à noite.

Sei, agora, que jamais conseguirei voltar para cinemas ou panquecas tarde da noite.

***

Uma hora e meia depois, estou completamente suada e com os pés me matando. Essas botas novas definitivamente não foram feitas para dançar. Jade e eu nos afastamos do centro da sala, abanando o rosto com as mãos. Dou uma olhada rápida em busca de Angie, mas não a vejo em lugar algum.

— Onde será que ela está? — digo e tomo um gole de água da garrafa que peguei da geladeira.

Jade acaba de tomar a água dela e joga a garrafa na lata de lixo mais próxima:

— Acho que a vi conversando com um cara um tempinho atrás. Vamos procurá-la. Talvez ela esteja dando uns amassos em algum canto. Se a gente pegar ela no flagra, vamos ter fofocas quentes para depois.

— Excelente ideia — respondo enquanto caminhamos pelas pessoas até o outro lado do apartamento.

Chegamos até o corredor com as três portas vermelhas e paramos na frente da primeira:

— Vamos ver o que tem atrás da porta número um! — exclamo, dramática, abrindo a porta com bastante força.

Era apenas um *closet*.

Definitivamente, nada emocionante. A não ser que tivéssemos interrompido alguma brincadeira erótica lá dentro. No entanto, infelizmente, era apenas um *closet* cheio de casacos.

Jade e eu, juntas, soltamos um desapontado "Aaaah" antes de parar na frente da próxima porta e dizer:

— Ok, e o que me diz da porta número dois?

Abro a segunda porta, que revela um banheiro de mármore com uma enorme *jacuzzi* no meio. Jade sai detrás de mim e vemos Leslie Gellar, a líder de torcida da escola, inclinada sobre a pia, retocando o *gloss* dos lábios. Ela se vira para nós e dispara um "Querem usar o banheiro?".

Balanço a cabeça em negação e fecho a porta atrás de mim:

— Acho que só sobrou uma opção — faço uma pausa na frente da última porta vermelha do corredor. — Angie, prepare-se para o flagra!

Jade começa a rir sem parar e coloco meu dedo nos lábios, sinalizando para ela ficar quieta, enquanto abro a porta devagarzinho para nós duas entrarmos na ponta dos pés no quarto escuro. Consigo ver dois vultos numa cama junto à parede e parece que estão se beijando.

Sim, com certeza é o som de pessoas se beijando.

Sinto um arrepio tomando conta de mim. Aquele tipo de arrepio que você só sente quando sua melhor amiga está tomando uma atitude há muito tempo esperada. Parece uma eternidade desde a última vez em que Angie ficou com alguém, e serei a primeira pessoa a dizer que já era hora.

Jade abafa outra explosão de risadas e acende a luz. A súbita luminosidade me dá uma cegueira momentânea durante alguns segundos. Então minha visão volta e, finalmente, consigo identificar a imagem à minha frente.

Ai, meu Deus.

Fico paralisada em choque. Completamente incapaz de me mover. De repente, sinto como se um bloco de concreto de mil toneladas tivesse caído em cima de minha cabeça. O som da música e das conversas e das risadas que vinha da sala foi diminuindo até se transformar num zunido silencioso. Começo a sentir minhas pernas bambas como gelatina.

Os dois vultos se beijando naquela cama não são Angie e um garoto qualquer.

Pelo contrário, são Heather Campbell... e Mason.

Sim, *meu* Mason! O doce, honesto, fiel e nem-quero-ir-nessa-festa-idiota-para-começo-de-conversa Mason!

Meu coração começa a martelar no peito e sinto que vai explodir a qualquer momento. A inesperada luz acesa interrompe a dança de línguas. Mason levanta a cabeça e me vê parada à sua frente. Seus olhos parecem em pânico e ele abre a boca para falar.

Mas não espero sair uma palavra. Viro-me o mais rápido possível e corro para a porta da frente. Não paro de correr até chegar ao elevador e apertar o botão. As lágrimas já estão começando a arder meus olhos. Não consigo esperar o elevador, então corro escada de incêndio abaixo até o último degrau e me vejo no ar noturno e frio de janeiro.

A neblina que vem da enseada é grossa e quase não consigo ver meus pés. Ou talvez ainda esteja em choque e minha visão esteja nebulosa. Já não tenho certeza alguma neste ponto.

Tento respirar o ar fresco e usar essa friagem para esfriar o fogo que está queimando meu peito. Mas não adianta. Posso sentir o vômito subindo por minha garganta. Olho em volta ansiosa, em busca de uma lata de lixo, um saco plástico, qualquer coisa. Mas não há nada desse tipo.

Finalmente, entro num beco próximo ao prédio e vomito direto no chão.

A imagem de Heather e Mason fica rodando tão rápido em minha cabeça que parece que acabei de sair de uma montanha-russa em um parque de diversões qualquer. Com a diferença de que a montanha-russa é divertida enquanto se está nela. Dar de cara com meu namorado beijando a garota mais popular da escola, definitivamente, *não* é minha ideia de diversão.

Como é que Mason pôde fazer isso comigo?

Como é que *Heather* pôde fazer isso comigo? Ela sabe que ele é meu namorado. Droga, todo mundo sabe! Um fazendeiro qualquer que colhe milho no meio do estado de Iowa sabe. Está publicado na revista *Garota Moderna*, para todo mundo ver!

De repente, sou atingida pela ideia doentia de que isso não tem nada a ver com o fato de Heather não saber. Tem a ver com o fato de ela não se importar.

Abaixo-me novamente para vomitar. Desta vez, Jade também está no beco, segurando meu cabelo para trás. Sinto-me, de repente, tola e infantil. Quem vomita com mais de 10 anos de idade? A não ser que você esteja com intoxicação alimentar. Ou se você sofre de bulimia.

Viro-me e vejo Jade a meu lado, totalmente leal, com uma expressão que demonstra sofrimento e angústia.

Angie corre para fora do prédio alguns segundos depois, após, obviamente, ter me visto fugir do meio da festa, assim como todos os alunos ilustres do último ano do Colégio Colonial. Felizmente, ainda estou em pleno estado de choque pelo que acabara de acontecer para começar a pensar sobre a humilhação disso tudo.

— Não enten... eu não... — tento falar, mas não consigo.

Tenho dificuldade em recuperar o fôlego. Luto para respirar fundo, mas, no fim, acabo tendo um ataque de tosse. Jade dá alguns tapas em minhas costas, como se fosse uma mãe tentando fazer o bebê arrotar, e olha-me com uma expressão de profundo pesar. As lágrimas estão caindo com mais intensidade agora. Posso senti-las. Estão rolando pela maquiagem que passei com tanto esmero. Estão derretendo o pó e a base perfeita no meu rosto.

Simplesmente não consigo parar de chorar. Mas não quero parar também. Nunca me senti tão magoada e traída em toda minha vida. Acho que isso me dá o direito a umas lágrimas estúpidas. Mesmo eu *estando* parada no meio do centro de São Francisco em um beco estranho, cercada de garrafas de vidro e carrinhos de supermercado abandonados.

Olho para minhas duas melhores amigas, minha boca incapaz de pronunciar um som inteligível. Finalmente, Jade me puxa para um abraço, e fico soluçando em seu ombro.

A GRANDE FUGA

O relógio de parede marca 23h59, e Mason ainda não ligou. Que diabos ele está esperando? Um sinal de Deus? Quando sua namorada pega você beijando outra garota e explode, você liga. É a coisa decente de fazer. Você liga e pede desculpas. E então você implora para ela voltar. E diz para ela que você foi um idiota, canalha e egoísta, e que não a merece. Mas que, se ela encontrar uma maneira em seu coração para perdoá-lo, você estará eternamente em dívida com ela.

É isso que você faz.

Você não deve *não* ligar.

Encaro o telefone silencioso tentando decidir-me se o pego ou não para ligar para ele. Jade e Angie me instruíram, no táxi a caminho de casa, para precisamente *não* fazer isso. Disseram alguma coisa sobre como isso me faria parecer desesperada e que, provavelmente, acabaria na casa dele fazendo as pazes. E que isso seria um erro enorme.

Mas eu não me importo. Pego o telefone mesmo assim e aperto de leve o botão de discagem rápida que sempre apertei com tanta velocidade e sem hesitação. Digo para mim mesma que ele não ligou porque está com medo. Se eu ligar antes, mostrarei a ele que está tudo certo para conversarmos. E eu quero mesmo falar. Sinceramente, eu quero. Principalmente sobre o quanto ele está arrependido e sobre o quanto ele quer fazer as pazes, o que significa conversar.

Aperto o botão de discagem rápida e seguro o telefone na tentativa de mantê-lo perto de meu ouvido. Toca três vezes antes que alguém atenda. Mas tem tanto barulho no fundo que não consigo ouvir nada.

— Alô? — digo.

Ouço mais barulho que parece música misturada com risadas.

Mas onde diabos ele está? É quase meia-noite. Ele não pode estar ainda na...

Ai, meu Deus. Meu coração estremece dentro do peito quando percebo... Ele ainda está lá. Ele ainda está na festa do *Loft*. Ele ainda nem foi embora. O que significa que ele não correu atrás de mim. Isso significa que ele não deixou Heather esperando sozinha na cama enquanto corria para o banheiro e sentava-se no chão frio com as mãos na cabeça, pensando desesperadamente sobre o que acabara de fazer.

— Alô? — digo novamente, apesar de minha consciência insistir que eu desligue e salve minha dignidade.

Então, acima do barulho alto, das risadas e da música, uma voz chega até a linha. Clara como a água. E é uma voz feminina.

Eu reconheceria essa voz em qualquer lugar. Afinal, passei os últimos cinco anos desejando que essa voz falasse mais que duas palavras para mim.

Ela pertence a Heather Campbell.

— Celular do Mason Brooks — diz ela, imitando uma secretária afetada.

Em seguida, explode em um ataque histérico de risada, tipo de gente bêbada. Há um ruído alto no fundo como se o telefone tivesse caído dentro da máquina de lavar da minha mãe.

E depois, bem distante, apesar de soar clara como o dia, ouço a voz de Heather novamente:

— Mason, tem alguém ligando para você! Acho que é sua... *ex-namorada*.

Meu corpo inteiro paralisa e o telefone escorrega de minha mão, caindo no tapete ao lado da cama, onde fica engolido pelo tecido até que o som das risadas assassinas e da música vai diminuindo e então... silêncio total.

Quase não consigo reunir forças para olhar para o visor do celular. O telefone fica mudo.

***

Não fico sabendo de nada sobre Mason até acabar o fim de semana e, na verdade, tento me convencer de que ele está usando o tempo para voltar à própria razão e preparar um pedido de desculpas. Então, no momento em que chego à escola na segunda-feira de manhã, estou tipo esperando encontrar uma dúzia de rosas vermelhas escondidas em meu armário, junto com uma carta de dez páginas do Mason confessando sua estupidez declarada, além de ter miopia. Talvez ele coloque a culpa no álcool. Talvez ele me diga que Heather o ameaçou com uma arma na cabeça, forçando-o a beijá-la. De uma maneira ou de outra, levarei um tempo para pensar bem se vou ou não perdoá-lo.

Mas, quando digito a combinação do armário e o abro, fico devastada ao ver que está vazio. Bem, exceto por meus livros, minhas pastas, minha calculadora e, é claro, pela página da revista *Garota Moderna* com a foto do Mason, que colei na parte de dentro da porta do armário. Mas não há carta alguma. Nenhum cartão. Nem mesmo um *post-it*. Nada.

Arranco rapidamente a foto dele da porta, amasso-a e jogo-a no fundo do armário para apodrecer junto com as embalagens de chocolate e o papel de embrulho de lanche. Em seguida, bato a porta do armário com um sonoro *bang*.

À minha volta, todos estão cochichando e apontando. Como se eu fosse uma louca de hospício. E, infelizmente, sei bem o que estão dizendo.

"Olhem, lá vai a pobrezinha que costumava ser a namorada do Mason Brooks."

Posso ver o mesmo repórter do programa de TV novamente em minha cabeça. Desta vez, ele está transmitindo uma história muito mais trágica: "Parece-nos que Mason Brooks não conseguiu lidar com a pressão da nova vida de celebridade que chegou com a publicação de sua foto na revista. Em apenas cinco dias após o sucesso da revista nas bancas, Mason foi visto afagando uma Heather Campbell em uma festa na cidade. De acordo com fontes próximas ao casal, sua ex-namorada e responsável por seus quinze minutos de fama foi vista 'absolutamente devastada'. Se o casal, possivelmente, voltará a reacender a chama, não foi determinado ainda".

Abaixo a cabeça e começo a caminhar para a primeira aula, tentando ignorar todos os sussurros e olhares. Acho que é assim que acontece o repúdio de celebridades que a gente ouve falar. Deve ser assim que eles se sentem quando são perseguidos por *paparazzi*. Mas não no bom sentido, como se eu tivesse acabado de lançar um sucesso ou ainda se o meu namorado tivesse assinado um contrato multimilionário com um novo time de futebol. É mais parecido com a situação de ter batido o carro bêbada e depois tivesse que enfrentar um tempo na prisão com os fotógrafos tentando tirar aquela foto de capa de tabloide que combina com a manchete: ÚLTIMOS DIAS DE LIBERDADE.

Pois a verdade é que essa escola parece uma revista gigante do tipo tabloide. O último rompimento de casal de namorados, a última gafe de moda, um tombo nas escadas, uma surra no armário ou um escorregão com bandeja e tudo no chão da cantina acabam sempre virando o assunto mais quente do burburinho na fábrica de fofocas. E, com a notícia da festa do *loft* de sábado à noite fluindo pelos corredores mais rápido que *internet* de alta velocidade, é minha cara que está agora estampada na capa do momento.

Talvez Mason esteja atrasado para vir à escola. Talvez ele tenha passado a noite toda acordado, chorando e aperfeiçoando o discurso do pedido de desculpas, que acabou não ouvindo o despertador. Agora deve estar voando para a escola (com flores na mão), pronto para se ajoelhar e implorar perdão. Talvez ele esteja...

AI. MEU. DEUS.

Paro subitamente de andar e encaro o final do corredor.

Isso não está acontecendo. Isso não está acontecendo. Acorda, Madison! Acorda!!!

Mas isso está acontecendo. Bem diante dos meus próprios olhos.

Mason e Heather acabam de entrar na escola... juntos. Exato, do tipo mãos dadas, totalmente apaixonados, um verdadeiro casal de pombinhos.

É inacreditável! Primeiro, ele me diz que nunca, jamais ficaria com ela. Depois, pego os dois se beijando em uma festa a que ele nem queria ir, para, em seguida, Heather atender ao telefone dele apenas algumas horas após eu sair de lá e, agora, do nada, eles são o casalzinho dos sonhos?

O que eu perdi aqui?

Assisto aos dois caminharem felizes pelo corredor e ouço meu coração batendo dentro do peito. Mason cochicha algo no ouvido dela, e ela solta uma risada alta. Não a do tipo educada. Aquela do outro tipo. Daquele tipo que você só ouve em pessoas que estão loucamente apaixonadas por alguém.

Não chore, ordeno a mim mesma. *O que quer que faça, não chore no meio deste corredor.*

Fico paralisada, como se eu fosse uma estátua decorativa de um museu, enquanto as pessoas se movimentam a meu redor, lentamente saindo e desaparecendo dentro das salas de aula. Por alguma razão, não consigo me mexer. Isto é, até que percebo que Mason e Heather estão andando em minha direção. E sei que preciso mexer minhas pernas. Tenho que sair daqui antes que eles me vejam. Tenho que correr!

E faço isso. Meus pés me obedecem e imediatamente disparo na direção contrária. Vou pelo portão dos fundos da escola, empurro as portas duplas e fujo apressadamente pelo estacionamento. Procuro desajeitadamente, nos bolsos da mochila, a chave certa e abro a porta da porcaria do meu carro usado e barato. O carro que meus pais compraram de presente de aniversário de 16 anos, não porque era esportivo e rápido e bacana, mas porque custava menos de 10 mil dólares e tinha um motor que ainda funcionava.

Jogo-me para dentro do carro e, sem nem pensar, dou partida, arrancando-o do estacionamento como se fosse um piloto de corrida com um desejo mortal.

***

— Mason Brooks não seria nada sem mim — berro para Jade mais tarde, no mesmo dia.

Não demora muito para que meu desespero se transforme em fúria. Quatro horas, para ser mais exata. E, sinceramente, fico feliz por isso. É infinitamente mais fácil ficar com raiva de Mason que me sentir desprezada, traída, enganada e abandonada por ele.

Estou sentada na cama de Jade, folheando uma porção de revistas novas que chegaram do correio, enquanto ela, sentada próxima a mim, pinta as unhas do pé de roxo-escuro.

— Você sabe que, sem mim, ele nunca seria eleito presidente da turma — continuo, no auge de meu discurso, enquanto prossigo: — Eu organizei toda a campanha. Fui eu o cara principal, o braço direito!

— "A" principal e braço direito — ela corrige.

— Isso! — viro a página com força. — E, se eu não tivesse enviado aquela foto idiota para a revista, ele ainda seria apenas o mesmo Mason de sempre. O cara que nem se importa.

— Com certeza — diz Jade com lealdade.

Se ela já está de saco cheio de me ouvir falando mal de Mason, está, definitivamente, disfarçando bem.

— Quero dizer, Mason e eu ficamos juntos por dois anos. Dois anos *inteiros*. No Ensino Médio, esse tempo pode ser comparado a dois séculos. E ele vai e me deixa pela senhorita Corpo Perfeito, Cabelo Perfeito, Heather-Campbell-Tudo-Perfeito.

Jade faz uma careta:

— Ela não é tão perfeita assim, Maddy.

Jogo minhas mãos para cima:

— É claro que ela é. Até o nome dela é perfeito.

Ela toma um gole da lata de refrigerante e diz:

— Ora, por favor. É totalmente comum. Eu gosto do seu nome. É único.

Digo, bufando:

— Jura? Madison Kasparkova?

Ela concorda com a cabeça:

— Fica parecendo que você é uma daquelas estrelas, uma jogadora famosa de tênis ou algo parecido.

— Claro, mas com apenas um probleminha. Eu não jogo tênis.

Jade ri:

— Apenas um detalhe insignificante.

A verdade é que ninguém em minha família é jogador de tênis famoso. O nome Kasparkova vem de um tataravô do lado do meu pai. Ele emigrou da Rússia em, tipo, 1912 e ninguém se incomodou em americanizar o nome. A parte mais frustrante é que ninguém consegue pronunciar essa porcaria, fazendo que, na maioria das vezes, durante o Ensino Fundamental, me conhecessem como "Maddy K.".

— Você sabe qual é a pior coisa disso tudo? — pergunto, claramente sem esperar que ela tente adivinhar, pois nem deixo que ela fale, já emendando: — Mason acabou saindo disso como se fosse um deus. Está namorando Heather Campbell agora. Ele pode fazer praticamente tudo o que quiser. E aquele artigo da *Garota Moderna* vai ficar nas bancas por, pelo menos, mais três semanas, e é ele quem vai colher os frutos. Não é justo.

Jade dá de ombros casualmente, como se esse pensamento também já tivesse passado pela cabeça dela, mas sem que a tenha incomodado nem um pouquinho:

— Não se preocupe, ele vai ter o que merece.

— Não, não vai — digo imediatamente.

— Claro que vai — garante ela, passando mais uma camada de esmalte no dedão do pé e, depois, se inclinando para trás para ver o resultado. — Mason Brooks pode ser a celebridade do momento, mas não está imune ao Carma. Ninguém está.

Há alguma coisa diferente no jeito que ela pronuncia a palavra *Carma*, como se tivesse colocado um feitiço nela.

— Carma? — repito cética.

— É — ela responde, fechando a tampa do esmalte e guardando-o no armário. — No fim, o Carma persegue todo mundo. Se você ferrar com as pessoas durante a vida toda, não importa quem você seja, você não se livrará. O que vai sempre volta. É assim que funciona. Mais cedo ou mais tarde, o universo vai servir um excelente prato fumegante de vingança para Mason Brooks, independentemente do quão lindo fica o cabelo dele depois do treino de futebol.

— Soa mais como uma fantasia, em minha opinião — olho para a revista à minha frente e vejo uma propaganda brilhante e enganosa de absorventes higiênicos com uma garota vestindo uma calça branca de *stretch* apertada (garota essa que estaria, obviamente, menstruada e não se importaria que a calça branca estivesse, praticamente, agarrando sua virilha) e que está de cavalinho nas costas de um cara, que acredito que deva ser o namorado. Encaro a foto franzindo a testa e resmungo com aversão:
— Os garotos não agem como os que aparecem em propagandas de absorvente, não é?

— Como? — inclina-se para ver sobre o que estou falando. — Ah, tá. Não, eles não agem assim.

— Eles não levam você de cavalinho quando está cansada de andar. Não vêm socorrer quando você está em apuros. Eles somente pegam o que querem e partem para outra.

Jade confirma solenemente.

— É. Depois que disse ao Seth que não estava preparada para transar, ele simplesmente arranjou outra que estivesse.

— E eu já estava planejando essa festa gigante para comemorar os 18 anos dele mês que vem. Ele sabia disso!

Jade balança a cabeça com desgosto:

— Escória ingrata.

Depois de quinze minutos do bom e brega xingamento contra o sexo masculino, receio estarmos parecendo divorciadas amargas de meia-idade.

Então decido que é melhor ir para casa antes que o cinismo faça parte de mim permanentemente.

Esperava poder escapar do jantar em família esta noite, já que perdi meu apetite desde que vomitei no centro de São Francisco. Além disso, não contei para meus pais e minha irmã sobre o que aconteceu com Mason. Parte disso porque não tenho certeza de que consigo dizer essas palavras em voz alta sem cair no choro novamente. Mas, principalmente, porque estou me apegando à esperança de que tudo isso seja um pesadelo, de que Mason vai acabar voltando à razão, vai dar um fora na Heather Campbell e vai arrastar-se de joelhos até mim.

Entretanto, no momento em que passo pela porta, posso sentir que escapar do jantar não será uma opção.

— Sente-se, Maddy — diz minha mãe duramente quando tento passar pela cozinha direto para meu quarto. — Temos que conversar.

Sei na hora que meus pais estão furiosos com alguma coisa.

— Já comi — protesto assim que afundo na cadeira ao lado da minha irmã mais nova, Emily, que está empurrando macarrão na boca.

— Acho que você está encrencada — Emily declara o óbvio, com a boca cheia de molho vermelho.

— A escola ligou esta tarde — começa minha mãe —, e disseram que você não apareceu para nenhuma das aulas de hoje e queriam saber se eu justificava sua ausência.

— E? — pergunto pálida. — Você justificou?

Minha mãe olhou para meu pai e depois para mim:

— Justifiquei, mas somente porque confiei que você teria uma boa razão para não ir às aulas.

— Eu tive — garanto a ela. — Agora posso subir para o meu quarto e estudar?

No entanto, pelo olhar do meu pai, eu sabia que a resposta seria um *não* bem firme (e ligeiramente irritado).

Suspiro e afundo mais ainda na cadeira:

— Tenho mesmo que contar?

Meus pais se entreolham antes de responderem "Tem" em perfeita sincronia. Às vezes, posso jurar que eles ensaiam esse tipo de coisa antes de irem para a cama à noite.

— Eu também quero saber! — entoa Emily, mas minha mãe faz sinal para ela ficar quieta.

— Certo — disparo, sentindo as lágrimas começarem a umedecer meus olhos. — Mason beijou outra garota no sábado à noite e apareceu com ela na escola hoje. Então, agora, o namoro está provavelmente acabado. Assim como a minha vida. É por isso que saí da escola mais cedo.

Ouvimos um som alto do garfo com macarrão da minha irmã batendo no prato. Ela olha para mim assombrada. Olho para o chão rapidamente.

— Quem ele beijou? — pergunta Emily ansiosa, e fico esperando meus pais mandarem-na se calar de novo e me dizerem com olhos solidários que não preciso responder a isso, mas nada acontece. Pelo contrário, eles continuam me encarando e percebo que estão tão curiosos quanto ela.

Mas, como não estou com bom humor para satisfazer a curiosidade ou sede de drama de ninguém, simplesmente afasto minha cadeira para longe da mesa e murmuro:

— Não quero falar nesse assunto. Posso ir agora? Tenho que estudar.

Minha mãe, rapidamente, confirma com a cabeça e eu me levanto. Afasto-me e deixo todos com um silêncio atordoado.

Assim que entro em meu quarto, fecho a porta atrás de mim. Tenho mesmo lição de casa, mas nem consigo me imaginar fazendo isso agora. Em vez disso, preparo-me para uma longa noite do que se costuma chamar de "paredear". E faz todo sentido. Por mais ou menos 45 minutos sem pausa, não faço nada além de encarar a parede. No fim, acabo convencida de que posso ter batido um recorde mundial de encarar uma parede. Mas, como não tenho energia ou força de vontade para levantar do lugar que decidi ocupar pelo resto da noite e confirmar na *internet* se realmente se trata de um recorde mundial, suponho que nunca saberei.

O Dalai quem?

Durante o resto da semana, fiz a todo custo o melhor que pude para evitar tanto Mason quanto Heather. E, após quatro dias completamente me fazendo de invisível na escola, você pensaria que Mason, sendo o presidente da turma como ele é, de fato, acabaria percebendo a minha longa ausência e faria uma ligação para checar como a pessoa de sua relação anterior está depois de passar pelo maior choque da sua vida.

Mas não. Não houve telefonemas. Nem mensagens no celular. Nem *e-mails*. O Mason ficou sem se comunicar totalmente.

Quero dizer, até que ele apareceu do outro lado da porta da frente da minha casa, na sexta-feira à noite, para trocar todas as "coisas" que nós havíamos deixado na casa um do outro nos últimos dois anos. Não, eu não estou brincando. Essas foram as primeiras palavras que ele teve a coragem de me dizer depois de tudo o que aconteceu no *loft*:

— Vim pegar as minhas coisas.

Realmente, você não pode me culpar por bater a porta na cara dele. Embora, na verdade, eu não tenha tido muito controle sobre isso. Foi somente o que meus músculos fizeram. Como um reflexo da perna quando batem no joelho ou algo parecido.

Fiquei ali parada por alguns segundos, do outro lado da porta fechada, tentando recuperar o fôlego e entender um pouco o que havia acontecido.

Mas, quando me dei conta, virei-me, subi a escada, dois degraus de cada vez, e então, ao alcançar o topo, corri para meu quarto.

— Quem era? — ouvi minha mãe perguntar da sua poltrona na sala.

— Ninguém — gritei de volta friamente e, então, virei-me e bati minha segunda porta em menos de um minuto.

Pensei seriamente que poderia me esconder na segurança do meu quarto durante o fim de semana inteiro e ficar relativamente em paz. Mas fica dolorosamente claro que é apenas uma ilusão quando minha mãe entra no quarto às 7h30 da manhã de sábado e me sequestra.

Ok, não foi algo do tipo saco na cabeça, mordaça na boca ou mãos amarradas. Mas acho que me acordar antes das 10 horas num fim de semana, forçar-me a entrar no carro e não me contar aonde estamos indo constitui, definitivamente, um tipo de sequestro.

E, quando percebo que há um saco de dormir no banco de trás, posso supor que não será uma simples viagem de apenas um dia.

— Eu não entendo por que você não pode me dizer aonde estamos indo — suplico pela quinta vez à medida que seguimos em direção ao norte, pela estrada 101, em que toda evidência de civilização lentamente se desvanece na obscuridade.

— Bem — diz minha mãe desinteressada, bebericando em sua caneca de viagem de aço inoxidável cheia de chá de ervas —, já que você não tem escolha, não importa de verdade aonde estamos indo, não é?

Eu suspiro e encosto a cabeça no apoio do banco, silenciosamente amaldiçoando os deuses por me enviarem para pais tão proativos. Por que minha mãe e meu pai não são apenas pais californianos normais e zelosos? Obcecados em serem membros de clubes de campo e *botox*. Uma falta na escola e algumas noites chafurdando em meu quarto e, de repente, sou levada a algo que só posso imaginar como sendo um tipo de acampamento para adolescentes com o coração partido.

Quero dizer, como assim? Uma única cabulada de aula (muito bem justificada) não transforma uma pessoa em um rebelde. A próxima coisa que eu sei é que estarei sentada num sofá de frente para um psiquiatra de televisão sendo questionada sobre o porquê de *escolhas* tão erradas em minha vida. Sinto que estou certa ao dizer que está havendo um pouco de exagero por aqui.

Sem contar que é totalmente injusto. Como serei capaz de aprender eu mesma a lidar com problemas da minha vida se meus pais insistem em interferir no minuto em que aparece uma falta em meu histórico de frequência? Como será possível que eu me torne uma adulta responsável e autossuficiente quando não me permitem nem um "amolecimentozinho" inofensivo de vez em quando?

Minha mãe segue viajando pelo interior, ocasionalmente recorrendo a um mapa que imprimiu e que mantém dobrado longe do meu alcance em um compartimento ao lado da porta do motorista.

Depois do que me pareceram horas, finalmente estacionamos na entrada de um complexo paisagístico gigante com, pelo que posso ver com minha visão obstruída da janela do lado do passageiro, vários jardins, fontes de água, um terraço e vários prédios brancos que se parecem todos iguais ao que acabamos de estacionar em frente.

Pois é, definitivamente, algum tipo de acampamento. Parece um desses centros de reabilitação caríssimos e chiques para celebridades que você vê em fotos nos tabloides. Somente depois de sairmos do carro e de minha mãe entregar as chaves para o *valet* que está nos atendendo, vejo que há uma placa na frente da entrada do prédio. E aí percebo que minha vida está oficialmente acabada.

É pior ainda do que eu pensava.

Pior que um acampamento para adolescentes de coração partido. Pior que um centro de reabilitação de prestígio. Pior que aparecer na TV falando dos meus problemas.

— Centro Espiritual Napa Valley para Crescimento Interior? — pergunto, incrédula.

Não estou brincando. Essas eram precisamente as palavras escritas na placa. Acredite, eu não seria capaz de inventar sozinha essa combinação de palavras.

Minha mãe abre a porta traseira do carro e tira uma mochila preta do banco, preparada da noite para o dia, sorrindo para mim radiante. Ironicamente, é o mesmo sorriso que costumava dar quando me levava ao parque aquático ou ao parque de diversão do McDonald's quando eu era criança. É a expressão que os pais fazem quando estão animados por se acharem "os tais" e "que estão com tudo" e acharem que sabem o que "as crianças querem hoje em dia".

— É o lugar perfeito para nós relaxarmos, fazermos as pazes com o passado e nos desapegarmos das energias negativas — explica ela.

Começo a revirar os olhos de tédio até perceber que saquei o que ela quis dizer. E meus olhos param no meio do caminho, tipo entre o canto da sobrancelha direita e a testa:

— Espere um minuto! — exclamo descrente. — *Nós?* Tipo, eu e você?

Seu rosto se ilumina com empolgação:

— Pensei que seria divertido. Você sabe, uma experiência de união entre mãe e filha. Além disso, acho que um afastamento de tudo e de todos ajudará você a lidar com alguns dos seus sentimentos pelo Mason.

Resmungo alto:

— Não preciso de um retiro espiritual para fazer isso! O que eu preciso é de um saco de pancadas e um pote de sorvete.

Minha mãe franze a sobrancelha para mim com desapontamento por todo o seu rosto:

— Agora, veja bem, Maddy. Essa não é uma maneira saudável de lidar com isso. Você não pode simplesmente se fechar em seu quarto a semana toda e esperar se sentir melhor quando sair dele.

— É o rompimento de um namoro, mãe. Não há um jeito saudável de lidar com isso.

Ela respira profundamente, com paciência, e coloca a mão em meu ombro:

— Se você der uma chance para esta experiência, acho que vai descobrir exatamente o contrário. Além disso, ainda pode se beneficiar por estar exposta a novas culturas e ideias. Você não pode encontrar tudo o que precisa nas páginas da revista *Garota Moderna*.

Cruzo meus braços e firmo os pés no chão, resoluta, tentando exprimir uma demonstração convincente de resistência:

— Eu não vou entrar.

Minha mãe demonstra estar ligeiramente amuada e cutuca-me com a ponta do dedo indicador:

— Ora, por favor. Vai ser divertido. Inscrevi a nós duas em atividades bem bacanas. Ioga, meditação orientada e até em aula de filosofia do Dalai Lama.

Olho para ela como se estivesse mentalmente instável. Com um sarcasmo ferino envolvendo o tom da minha voz, digo lentamente:

— Dalai quem?

Porém, aparentemente, minha mãe está farta de discutir, porque joga a mochila (que agora me dou conta de que está cheia de roupas para nós duas) em seus ombros, agarra meu cotovelo e diz:

— Chega, Maddy! Você vai entrar agora.

E, após dezessete anos de pura identificação das ordens dessa mulher apenas pelo tom de voz e pela linguagem corporal, não tenho dúvidas de que a iluminação espiritual estará presente em meu futuro imediato, queira eu ou não.

No momento em que passo pela porta, sinto que acabo de entrar em um sonho muito esquisito. E, por um segundo, rezo para que seja mesmo só um sonho. E que, a qualquer momento, vou acordar em minha cama e tudo isso será uma memória passageira.

Esse lugar é um exemplo perfeito daquelas coisas que você precisa ver com os próprios olhos para apreciar verdadeiramente o quão malucas parecem. (E, é claro, digo "malucas" com o respeito mais profundo que tenho por qualquer cultura que esteja sendo representada aqui.)

A sala em que entramos é branca. E quero dizer branca referindo-me ao branco mais branco que você jamais viu. As paredes são brancas, o teto é branco, o sofá no meio da sala é branco, a cerâmica do piso é branca e até as molduras dos quadros nas paredes são brancas. Considerando que este lugar deveria ser para as pessoas relaxarem e escaparem dos seus problemas diários, você pensaria que ele foi feito para promover o bem-estar. Mas, honestamente, para mim, provoca o efeito oposto. Sinto-me, logo de cara, superestressada ao pensar que posso acidentalmente tocar em algo e o óleo dos meus dedos ficar perceptível como uma marca fluorescente de sangue sob aquela luz especial de cenas de crime.

Minha mãe e eu nos aproximamos da mesa da recepção, que é, obviamente, branca. Ela fala nossos nomes para a senhora que nos atende, vestida da cabeça aos pés com uma coisa que só posso descrever como tipo-uma-toga-sarongue-comprida. Branca.

Enquanto minha mãe preenche vários formulários, chama minha atenção uma estátua de tamanho médio bem no centro da mesa da recepção. Tem a forma de um homem dourado. Ele veste um chapéu alto e pontudo, com brincos longos e dependurados, sentado com as pernas cruzadas e as mãos nos joelhos, de olhos fechados. Como se estivesse absorvido nos próprios pensamentos. Ou muito irritado.

Fico encarando a estátua com forte descrença:

— Quem é ele? — pergunto com apenas um pouquinho de aspereza na voz.

A mulher atrás da mesa parece contente com minha curiosidade e fala com um tom fluido e calmo:

— Este é Buda, minha filha.

Minha filha? Por favor. Eles não conseguem ser mais clichê agora?

Confirmo com a cabeça, como se soubesse exatamente de quem ela está falando, apesar de me soar só um pouco familiar.

— Não era para ele ser gordo? — pergunto.

Minha mãe me lança um olhar de advertência, mas só sorrio em resposta. Ora, foi ideia dela vir até esse lugar de "esclarecimento", para começo de conversa. Posso então me "esclarecer" também.

A mulher está completamente tranquila e não se deixa perturbar por meu tom sarcástico:

— Sim, às vezes, ele é representado como o que as sociedades ocidentais julgam ser gordo — ela pronuncia a palavra como se ela não existisse.

E a única razão de ter decidido repetir a mesma palavra que usei foi a tentativa de criar uma identificação comigo em algum nível. Como quando os adultos tentam usar palavras como "irado" ou "fala sério".

— Mas existem outras representações que se parecem com esta — continua ela, dando um tapinha no longo e pontudo chapéu da estátua. — E, se você esfregar a barriga dele, dizem que pode trazer boa sorte.

Dou uma última olhadinha na estátua e murmuro:

— Talvez depois.

O que sei é que, depois disso, minha mãe e eu estamos seguindo outra mulher de toga-sarongue em um *tour* de meia hora pelo complexo de prédios. Ai, desculpe-me, quero dizer pelo "centro espiritual".

— Muitas pessoas vêm ao nosso centro para lidar com a dor, a perda, o estresse ou com morte na família — explica a mulher, enquanto seguimos pelo "Jardim Zen 2", que parece idêntico ao "Jardim Zen 1". — É um lugar onde se pode fazer as pazes com o mundo à sua volta.

— É simplesmente lindo — diz minha mãe, respirando fundo e agindo como se nunca tivesse experimentado oxigênio antes. Ela se vira para mim: — Não é lindo?

Dou de ombros:

— É legal.

— Nosso objetivo aqui — continua a mulher — é fazer que todos se permitam sentir o ar fresco e se sintam rejuvenescidos ao limpar da própria alma a sujeira da vida diária. Como a terra se sente após uma tempestade purificadora.

A mulher diz essas palavras como se estivesse recitando um poema ou algo do tipo, e tento me segurar para não cair na risada, porque sei que minha mãe não reagiria bem a isso.

***

No fim do primeiro dia, já posso dizer com segurança que este lugar não está exatamente ajustado à minha experiência demográfica. Todas as aulas a que assisti, relutante, estavam cheias de pessoas de dois tipos: 1) *hippies* do norte da Califórnia que frequentam lugares como este por diversão (um retiro espiritual de crescimento interior pode ser para uma pessoa o mesmo que um parque de diversões é para outra); e 2) vítimas da crise de meia-idade que perderam o rumo no mundo e estão em busca de orientação.

E depois, é claro, tem a mim. A única pessoa na sala que preferiria estar assistindo a um programa de celebridades na TV. Desculpe-me, mas fazer ioga em uma sala com 40 graus de temperatura enquanto estou suando por todo o rosto e sentindo que vou morrer a qualquer momento não é a minha ideia de descomplicação para um sábado à tarde. E a comida *vegan* 100% orgânica que eles servem por aqui como refeição (e sobremesa) é tão insossa quanto parece.

Então, naquela noite, quando finalmente me arrasto para a cama nada familiar e puxo, até meu queixo, os lençóis orgânicos que dão coceira, tudo o que consigo pensar é que em menos de 24 horas estarei de volta ao meu quarto, com minha comida deliciosa cheia de laticínios, conversando com pessoas que não usam, prontamente, termos como "unidade" e "amor-próprio" e o "Tao" (que, a propósito, aprendi que se pronuncia com D, despertando a pergunta óbvia de por que não soletram simplesmente como *Dao*).

Minha mãe sinceramente achou que poderia me arrastar até aqui e então todos os meus problemas evaporariam no ar? Que depois de dois dias dobrando meu corpo em posições extremamente não naturais, comendo *cheesecake* feito com tofu e ouvindo as pessoas pregarem as maravilhas da paz interior, de repente, eu nunca mais sentiria a agonia da traição de Mason? Ela se esqueceu completamente de como é estar na escola?

Porque não importa o que aconteça aqui neste final de semana, quando chegar segunda-feira de manhã, terei que enfrentar tudo novamente. A humilhação. A rejeição. O coração partido. E a pior parte, a sensação de desamparo total e pronunciado. A consciência de que o que Heather e Mason fizeram comigo foi errado e que estou completamente impotente para fazer algo sobre isso.

***

Na manhã seguinte, minha mãe e eu nos sentamos em um círculo de aproximadamente quinze pessoas no meio do Jardim Zen 1 enquanto um homem de meia-idade animado, chamado Rajiv, vestido com uma camisa branca que dá voltas em seu corpo e calças combinando, caminhava descalço na grama atrás de nós. Cada palavra que sai de sua boca parece perfeitamente coreografada com sua posição e com os movimentos de suas mãos.

— A vida é um ato em equilíbrio! — diz ele energicamente, com um sotaque indiano rico e melódico, quando passa atrás de mim. — Tudo nesse universo tem um oposto equivalente — ele coloca as mãos para frente e então as vira para cima em uma tentativa de mimetizar o conceito de opostos. Como se nunca tivéssemos ouvido falar nisso antes.

Viro-me para minha mãe e a vejo concordando com a cabeça, pensativa, e luto para não revirar os olhos de tédio, pois estamos aqui sendo ensinadas a viver nossas vidas por um homem que se veste todo de branco, mas que não é nenhum tipo de médico.

— O universo equilibra a si próprio ao criar uma imagem de tudo no espelho. E devemos, também, buscar a criação de equilíbrio em nossas vidas.

Checo meu relógio. Mais duas horas e me mando daqui. De volta ao mundo real, onde carne e queijo são servidos diariamente, onde homens não vestem togas ou sarongues e onde todo pensamento que temos não tem que ser analisado, apreciado e libertado.

— Felizmente — continua Rajiv com enorme paixão —, existem forças no universo que nos ajudam a alcançar o equilíbrio.

Coloco a ponta do dedo indicador na boca e concentro-me em usar os dentes para arrancar um pedacinho da unha que está torta.

— Forças cujo único objetivo é manter um equilíbrio constante entre tempo e espaço como um todo — gesticula Rajiv freneticamente, como se mover o ar em volta do corpo o ajudasse a provar seus argumentos.

Deus, esta unha está impossível. Penso comigo enquanto a fico roendo, determinada.

— Essas forças receberam vários nomes ao longo do tempo. É claro, o nome mais conhecido e imoderadamente usado para esse ato de equilíbrio é *Carma*.

Meu dedo escorrega da boca e encaro-o intrigada por um momento. Lá está ele de novo. O negócio do Carma idiota que Jade mencionou outro dia. O que é isso que acontece com as pessoas em relação a essa palavra?

— Mas o que algumas pessoas gostam de chamar de Carma é somente aquela energia poderosa que traz harmonia para o universo. É o resumo de tudo aquilo que um indivíduo fez, está fazendo e fará. Dessa forma, no fim, o desequilíbrio universal será equilibrado.

Hummm. Penso enquanto o ouço falar. O resumo de tudo aquilo que um indivíduo fez e fará. Como uma conta bancária. O balanço entre seus depósitos e saques. Qualquer um que faça um saque da conta, eventualmente, terá que fazer um depósito. Isso parece fazer sentido. Posto que também significa que Mason e Heather estão com sérios prejuízos com o Carma.

Rajiv continua:

— Os resultados de todas as ações efetivamente criam experiências do passado, presente e futuro. Portanto, fazem que o indivíduo se responsabilize pela própria vida, além da dor e da alegria que leva para os outros.

Espere um minuto. Paro de ouvi-lo, por um segundo, enquanto digiro o que ele acabara de dizer. *Fazem que o indivíduo se responsabilize pela própria vida, além da dor e da alegria que leva para os outros.*

Exatamente! Mason deveria ser responsabilizado pelo que fez comigo. É a única coisa justa. Seu desequilíbrio universal deveria ser equilibrado! Exatamente como esse cara está dizendo.

Até o momento, sempre achei que o Carma era só um artifício conveniente para nos fazer sentir melhor sobre o que está acontecendo no mundo. Você sabe, como aquilo que Jade disse sobre Mason receber aquilo que está guardado para ele. Más ações serão punidas. Mas talvez seja mais profundo que isso. Talvez o universo funcione como algum tipo de balança gigante de equilíbrio. O que quer que você coloque em um lado da balança terá que ser equilibrado ao colocar outra coisa, com o mesmo peso, no outro lado. Caso contrário, tudo acabaria em destruição e ficaríamos flutuando no espaço ou algo parecido.

É isso que esse cara está tentando nos dizer quando fala em equilíbrio? Que algum dia Mason realmente terá o que merece? Que ele também receberá equilíbrio e talvez, só talvez, será humilhado e destruído como eu fui? Na frente de todo mundo? Sim, isso com certeza faria que eu me sentisse um milhão de vezes melhor.

De repente, esse cara Rajiv fica mais interessante do que sua roupa sugere.

— E, enquanto o Carma e o universo estão ocupados realizando suas responsabilidades em manter todas as vidas em equilíbrio, você também deve tomar a responsabilidade de insuflar o equilíbrio em sua própria vida.

Ele, então, começa a dar exemplos de como podemos fazer isso. Alguma coisa do tipo passar mais tempo de qualidade com as pessoas amadas, doar para aqueles que são menos afortunados e outras ideias que não entendo muito bem, pois estou muito ocupada pensando no que tudo isso significa dentro do contexto de tudo que está acontecendo desde a semana passada.

Quando a palestra acaba, minha mãe e eu nos aproximamos de Rajiv para agradecê-lo pessoalmente pelas palavras tão inspiradoras, e aproveito o tempo para sorrir abertamente para ele dizendo:

— É, foram muito inspiradoras mesmo.

Ele une as palmas das mãos como se fosse começar a rezar, mas, em vez disso, simplesmente se abaixa até a cintura e faz uma leve reverência, e então, eu percebo um símbolo pendurado em um cordão preto em volta de seu pescoço.

É um símbolo que eu já vi antes. Geralmente pendurado no espelho retrovisor do carro de surfistas ou enfeitando adesivos de para-choques de furgões de *hippies*, mas nunca entendi o que significava. Sempre achei que era algum tipo de símbolo alternativo da paz.

Quando Rajiv se ergue da inclinação que fez, percebe meu interesse no símbolo, pois o toca delicadamente com a ponta dos dedos e diz:

— É o Yin-Yang.

Tento disfarçar minha ingenuidade:

— É, eu sei.

Não sabia.

— É o símbolo do equilíbrio — explica ele com paciência enquanto fecha as mãos na frente do peito como se fosse rezar. — Veja bem. Tudo tem seu oposto perfeito. Assim como o Yin-Yang. Temos que encontrar o oposto da nossa dor e, então, descobriremos a fonte da alegria mais pura.

Concordo com a cabeça energicamente:

— Concordo plenamente.

Minha mãe lança-me um olhar de lado que posso jurar que era uma combinação de "Quem é você?" e "O que você fez com minha filha magoada e sem esperanças?".

Ignoro o olhar e tento reproduzir a semirreverência de Rajiv para dizer obrigada e adeus. Minha mãe lança-me outro olhar estranho, mas decide claramente não me pressionar nessa questão.

Nos primeiros quinze minutos da viagem de volta ao Vale Pinheiro, ficamos em silêncio. Estou 100% concentrada em meus pensamentos, e minha mãe está 100% concentrada em tentar adivinhá-los.

Finalmente, ela quebra o silêncio e diz:

— Foi uma palestra interessante, não é?

— É — murmuro, tentando não lhe dar muita confiança da minha súbita mudança de ideia.

Quero dizer, sim, esse último cara despertou alguma coisa muito séria em meus pensamentos para ser considerada, mas isso não significa que me rendi completamente à ideia de que o sequestro-retiro de iluminação espiritual tenha se transformado em uma ótima ideia, no final das contas.

— Acho que essa coisa que ele disse no final, para encontrar alegria na própria dor, muito parecida com o que eu sempre digo: "Quando a vida só dá limões a você, faça uma limonada. Encontrar o *yin* para seu *yang* é a mesma coisa que encontrar o açúcar e a água para sua limonada. É só uma questão de transformar uma coisa que era negativa em uma coisa positiva.

Viro-me e olho pela janela, fingindo que estou mais ou menos prestando atenção:

— É — digo despreocupada. — Acho que você está certa.

Admitir aos seus pais que eles estão certos é uma ladeira escorregadia para caminhar e, em minha opinião, uma estratégia não muito aconselhável. Mas, no momento, não estou muito preocupada em inflar ou não o ego da minha mãe. Porque tem algo muito maior girando em minha mente. Algo com um potencial para ser *gigante*. Uma ideia que mudará minha perspectiva de tudo e, de repente, como mágica, fazer todo esse fim de semana ter, de fato, valido a pena.

O açúcar e a água que finalmente farão minha limonada ficar bebível.

Esperando o mundo mudar

Mandei uma mensagem para o celular da Jade e da Angie no carro, no caminho do retiro para casa. Contei que era fundamental que me encontrassem aqui, na praça de alimentação do *shopping*, assim que o turno de Jade acabasse. Ela trabalha meio período na Eve's Closet, uma loja de *lingerie* conhecida do *shopping*, e consegue ótimos descontos em *tops* e tangas. Mas, apesar das mensagens que minhas amigas responderam insistindo que eu desse mais informações, disse-lhes somente que contarei minha "sacada histórica".

— Agora que estamos reunidas, tenho algo muito importante para contar — falo intencionalmente enquanto deslizo na cadeira com um suco na mão.

Angie bebe um *milk-shake* fazendo barulho com o canudo:

— Jesus Cristo, Maddy. Não estamos no Congresso. Fala logo de uma vez.

Jade se aproxima mais e dá um tapinha no braço da Angie. É sua maneira sutil, estilo mediadora, de pedir que Angie se acalme e de deixar que eu tenha meus quinze minutos sem tomar partido. Jade tem uma habilidade excelente de equilibrar as energias entre nós quando as coisas ficam tensas.

E o que estou prestes a dizer tem tudo a ver com ações de equilíbrio.

— Bem, andei pensando... — deixo que minhas palavras se estendam pelo ar para dar efeito — sobre o conceito de Carma — pronuncio a palavra mágica como se estivesse apresentando-a pela primeira vez ao comitê do dicionário Webster para considerarem sua inclusão na próxima edição. — Ora, sei que

Jade já mencionou o conceito antes, mas esse pequeno retiro para o qual minha mãe me arrastou me forneceu uma nova perspectiva sobre a palavra.

Paro e olho para minhas duas amigas. Seus olhos estão focados em mim. Até mesmo os de Angie. Mesmo que ela tente se fazer de indiferente, conheço-a há anos para poder dizer que ela está "morrendo" para saber o que eu vou falar. Do contrário, ela nem teria aparecido, para começo de conversa.

— Assim sendo — continuo —, Jade garantiu-me, na semana passada, que Mason vai ter o que merece. Que o Carma vai alcançá-lo. E só quero que vocês duas saibam — dou uma longa pausa e respiro fundo — que decidi concordar com essa declaração. Mason *vai* ter o que merece. A justiça será feita, e ele vai sentir a reação das suas ações.

— Que ótimo! — exclamou Jade, sorrindo para mim com uma expressão no rosto tipo mãe orgulhosa, como se eu tivesse acabado de anunciar um feito tão difícil quanto escalar o Monte Everest. — Fico feliz de ver que você começou a ver o todo da questão.

Sorrio de volta:

— Entretanto — pauso dramaticamente e tomo um gole do meu suco, deixando que o líquido semicongelado escoe lentamente pela minha garganta antes de terminar a frase —, acho que isso vai acontecer mais rápido do que vocês estão pensando.

Noto um sorriso diabólico e assustador se formando no rosto de Angie:

— Por quê? O que você ouviu? Heather Campbell vai humilhá-lo na frente da escola inteira?

Balanço a cabeça:

— Não — respondo tranquila. — Mas nós vamos.

Angie e Jade trocam um olhar inseguro, as duas convencidas de que entenderam mal o que eu disse, uma esperando que a outra esclarecesse a questão.

— Como? — pergunta Jade com uma expressão cheia de dúvidas. — O que você quer dizer com "mas nós vamos"?

Tomo outro gole do copo:

— Bem, de acordo com o *expert* em Carma que deu a palestra ontem, o ponto principal por trás do conceito é o equilíbrio. O universo equilibra a si mesmo. Coisas boas acontecem com pessoas boas e coisas ruins acontecem com pessoas ruins. Dessa forma, o mundo não vira um lugar assimétrico.

— Certo... — concorda Jade com cautela. — Mas o que isso tem a ver com a gente?

— Vou chegar lá — prometo. — Basicamente, acho que temos que criar uma nova tradição cármica. Uma que seja só nossa. Mas que ainda siga os princípios básicos.

As duas me encaram, claramente sem entender o que eu estou dizendo com tudo isso. E não as culpo. É mesmo um pouco rebuscado. Mas isso não muda o fato de que é, em minha humilde opinião, muito mais que genial.

Então, continuo:

— Pessoalmente, estou cansada de esperar que o universo levante o traseiro e comece a consertar as coisas. Não quero ter que esperar para o Mason pagar pelo que fez. Ou Heather Campbell, nesse caso. Pois quem é que sabe quanto tempo vai levar? Um mês? Um ano? Cinco anos? Dez? Posso já ter filhos frequentando o Ensino Médio quando for o momento de eles receberem o que merecem. E não quero esperar tudo isso. Quero estar lá quando acontecer.

— Mas, Maddy — previne-me Jade —, infelizmente é assim que o Carma funciona. Você, tipo, tem que esperar.

— Quem disse?! — disparo, fazendo que ela se encolha levemente atrás do copo de suco. — Quem disse que é assim que tem que funcionar? Os grandes e poderosos deuses do Carma? Quem diabos são eles? E já que eles são tão bons no que fazem, o que os impede de fazer logo?

— Só passou uma semana, Maddy — relembra Angie com um tom de voz gentil que é completamente oposto à personalidade dela.

Provavelmente, ela está começando a se preocupar com minha sanidade e decidiu optar pelo lado da precaução por meio de uma abordagem afetuosa.

— Para mim, sim. Mas e para *você*? — viro-me para ficar de frente para ela. — Tenho que fazê-la lembrar do que Ryan fez com você no baile do ano passado?

Ela abaixa a cabeça levemente, dizendo que não. Sei que, por mais duro que ela tentasse, ainda não conseguiu perdoar e esquecer completamente aquela noite terrível em que Ryan ficou totalmente bêbado com alguns amigos atrás da escola e depois entrou na pista de dança fazendo um escândalo enorme. Angie notou a garrafa vazia no bolso da jaqueta dele e, por não querer que ele fosse pego, puxou-o para fora do ginásio sem que ninguém percebesse. Porém, foram parados por um dos inspetores, que também encontrou a garrafa e entregou os dois para o diretor. Na escola, na segunda-feira de manhã, o diretor interrogou os dois em sua sala, separadamente. E, enquanto Angie, para proteger o namorado, manteve a história que ela e Ryan tinham preparado durante o fim de semana — de que nenhum dos dois tinha bebido e que encontraram a garrafa vazia em uma das mesas —, Ryan contou uma versão bem diferente. Sabendo que Angie negaria tudo, ele viu, ali, uma oportunidade de remover-se da equação, e assim o fez. Disse ao Senhor Gaines que a garrafa pertencia a Angie e que ele a havia confiscado assim que a encontrou bêbada no corredor, e estava somente tentando garantir que ela chegasse em casa com segurança.

Angie recebeu uma suspensão de duas semanas e a pior desilusão amorosa de sua vida.

— O que aconteceu com ele? — cutuco.

Angie evita me olhar e bebe o *milk-shake*, fazendo barulho com o canudo de novo, claramente tentando não entrar no jogo. Mas estou mais que feliz em jogá-lo.

— O que aconteceu com ele? — pressiono-a novamente.

Ela respira fundo e se rende:

— Ele foi escolhido como o primeiro lançador e capitão do time principal de beisebol do Colégio Colonial neste ano.

— E?

Ela suspira e murmura:

— E agora ele está namorando Leslie Gellar, a líder de torcida.

Concordo com a cabeça diplomaticamente, fingindo que estou pensando desesperadamente em minha próxima frase:

— É, parece-me que ele recebeu exatamente o que merecia.

Jade dá uma risadinha a meu lado e imediatamente concentro minha atenção nela, a próxima vítima:

— E você...

Ela para de rir e abre um sorriso de esperteza. Posso garantir que ela está se divertindo com minha armação

— Sim, Dona Morte?

— Em sua opinião, Seth foi punido apropriadamente pelo que fez com você?

Jade solta uma bufada e balança a cabeça:

— Obviamente que não.

— Pois o que ele anda fazendo agora? — faço uma pergunta retórica antes de responder eu mesma. — Ele está namorando uma garota, tipo, perfeita que frequenta a Universidade Berkeley. O que significa que ele vai às festas da Delta Delta Delta quase todos os fins de semana. É, parece-me que o Carma foi atrás dele também!

— Aonde você quer chegar, Maddy? — fala Angie com rispidez, já impaciente.

Sorrio com sua impaciência. A preparação dramática está funcionando exatamente como eu queria.

— Quero chegar à seguinte questão: os caras têm ferrado a gente a vida inteira. E ficamos dizendo para nós mesmas que eles vão receber o que merecem. Que o Carma vai tomar conta disso. Porque isso nos faz sentir melhor até encontrarmos o próximo e supostamente melhor fracassado para ficarmos e que, inevitavelmente, fará a mesma coisa... Bem, dane-se isso! É hora de fazermos o Carma funcionar para *nós*. Até aquele cara guru do retiro disse que encontrar o equilíbrio para nossas vidas depende de nós. Então eu digo:

a responsabilidade de empatar o jogo e reverter esse desequilíbrio em nossas vidas não pertence ao universo. Pertence a nós! Temos que zelar umas pelas outras. Cuidar umas das outras. Porque já está claro pra caramba que os garotos não vão fazer isso. No final, só temos mesmo nossas amigas. E, se não nos ajudarmos, ninguém o fará.

Faço outra longa pausa antes de terminar meu argumento irrefutável que ensaiei na frente do espelho assim que cheguei em casa do retiro:

— É hora de começar a reequilibrar o universo.

As duas encaram-me por alguns instantes, até que Jade finalmente pergunta:

— Então você quer humilhar Mason do mesmo jeito que ele humilhou você?

Eu sabia que ela não somente seria a primeira a entender aonde eu queria chegar com isso, mas como também seria a primeira a entrar nessa.

— Exato — digo autoritária. — Mas não só Mason. Todos os outros também. Heather, Seth *e* Ryan.

Jade morde o lábio inferior, ansiosa, enquanto a observo, por um segundo, sonhando acordada, muito provavelmente sobre se vingar do cara que arruinou completamente sua vida durante o primeiro ano do Ensino Médio.

— Mas temos que fazer um pacto — digo, trazendo-a de volta para a realidade. — Um pacto de que somente nós saberemos. Como um segredo apenas para membros do clube. O Clube do Carma. Cujo único objetivo é limpar a bagunça que o universo está deixando para trás.

— Estou totalmente com você — diz Jade com um sorriso se espalhando pelo rosto. — Diga-me o que fazer e eu farei.

— Eu também — diz Angie logo em seguida.

— Ótimo! — exclamo, esfregando minhas mãos de um jeito sinistro, como o Dr. Evil quando planeja as conspirações para dominar o mundo.

Sinto um arrepio formigando e correndo por meu corpo. Sabia que minhas amigas apoiariam essa ideia. Nunca duvidei disso. Mas a torrente que sinto quando elas, de fato, confirmam, é exultante. Sinto que, finalmente, faço parte de um time. Um time de verdade. Não um time parcial e desonesto como a minha relação com Mason acabou se transformando, mas uma parceria baseada em sinceridade, amizade e lealdade. E nunca amei tanto minhas amigas como neste momento.

— Mas isso tem que ser nosso segredo — relembro com uma expressão séria. — Ninguém pode saber, de forma alguma, que somos responsáveis pelo que está prestes a acontecer. Tudo tem que ser completo e absolutamente anônimo. Insondável. Caso contrário, não seria Carma. Seria somente um grupo de três garotas amargas tentando se vingar dos ex-namorados e da garota que roubou um deles, o que não é nosso objetivo. Essas pessoas nunca aprenderão a lição se acharem que são só parte de um esquema furioso de vingança.

— Concordo — diz Jade. — Segredo absoluto.

— Com certeza — aprova Angie.

— E posso sugerir também outro pacto? — digo astuta. — Que prometemos não ficar com nenhum cara até depois da formatura. Senão, podemos encerrar o processo no meio do caminho. Pois, se nossa experiência prova alguma coisa, é que os garotos no Ensino Médio são *todos* insensíveis com as meninas.

Jade concorda com a cabeça:

— Canalha é uma palavra melhor.

— Amém — diz Angie com zombaria.

— Ótimo — respondo, satisfeita.

— Então, como faremos? — pergunta Jade, pronta para entrar nessa e começar. — Como faremos eles pagarem?

— Isso é fácil — respondo confiante antes de beber o resto do meu suco. Essa é a parte divertida. A parte que estive esperando o dia inteiro. — Nós vamos descobrir o que é mais valioso para cada um e depois... tomamos deles.

Da Agenda Oficial do Clube do Carma:

Beneficiário Cármico nº 1

Nome: Mason Brooks.

Histórico: Ex-namorado de Madison Kasparkova. Presidente da turma, membro do time principal de futebol e aceito antecipadamente na Universidade Amherst.

Desequilíbrio universal: Traiu um membro do Clube do Carma com Heather Campbell na festa do *loft*.

Posse valiosa: A nova namorada.

Operação Rompimentolândia

Desde o momento em que acordo na manhã da segunda-feira seguinte, posso dizer que será um ótimo dia. Porque hoje é o dia em que oficialmente declararemos guerra. Aquela tarde na praça de alimentação foi há uma semana, e, nos últimos sete dias, minhas amigas e eu passamos todo nosso tempo livre reunindo informações. Maquinando nossas missões, esquematizando os ataques e organizando nossas tropas.

Porém, o mais importante foi descobrir onde e quando atacar nossos quatro alvos principais.

Pois todo comando militar bem-sucedido sabe que a estratégia é crucial para qualquer batalha. Razão pela qual nossa primeira tarefa no Clube do Carma foi traçar um plano de batalha abrangente, que registramos cuidadosamente em um pequeno caderno cor-de-rosa que compramos especialmente para a ocasião. Dessa forma, estamos mais que preparadas para o que está por vir.

Acabo passando por todos os semáforos verdes no caminho para a escola, o que nunca acontece comigo. É quase como se as estrelas estivessem alinhando-se a meu favor. O universo está reagindo à minha abordagem proativa de equilíbrio.

Finalmente, sinto como se estivesse no controle.

Assim que me sento na cadeira de sempre ao lado de Jade, na primeira aula de Inglês, sei que este lugar tem mais significado hoje do que jamais teve antes. Pois essa cadeira na terceira fileira, a segunda do fundo para frente, que costumava simplesmente ser o lugar da sessão de atualizações, minhas e de Jade, acaba de se transformar em algo mais que só um lugar para fofocar. Transforma-se em um palco.

E a plateia é a garota que se senta bem à nossa frente.

Jenna LeRoux.

Também conhecida como a melhor amiga de Heather Campbell. E sabemos que, assim que o ouvido de Jenna — que está sempre alerta para novas fofocas — pegar a conversa que vamos começar, ela não perderá tempo em repetir para Heather. É claro que isso é exatamente o que estamos querendo.

O sinal toca, anunciando a primeira aula, e Jenna afunda em sua cadeira de sempre, bem à nossa frente, enquanto me viro para Jade com um sorriso intencional.

Esperamos pacientemente por vinte minutos de aula quando o Senhor Larson fica parado de frente para a sala lendo o livro *O Homem Invisível*. Então Jade aproxima-se de minha carteira e cochicha:

— Você estava falando sério quando contou aquilo ontem à noite?

Inclino-me em direção a ela e respondo:

— Sobre o quê?

— Sobre como você costumava abrir o *e-mail* do Mason.

Solto uma risadinha do tipo que é uma combinação perfeita de vergonha e constrangimento e cochicho de volta:

— É, mas eu não tenho orgulho disso. E, com o histórico do Mason, eu meio que tive que fazer. Como mais eu descobriria sobre a amiga a distância dele, linda de morrer, da América do Sul?

O Senhor Larson acaba a página que está lendo e fecha o livro, segurando-o forte contra o peito:

— Então, o que dizem sobre a maneira como o escritor usou simetria nessa parte para transmitir seu conflito?

Alguém sentado na frente da sala levanta a mão e começa a responder à pergunta. Jade aproveita a oportunidade para perguntar:

— Como você descobriu a senha dele?

Posso ver a nuca de Jenna se mover lentamente em nossa frente e tenho a sensação de que ela está se ajeitando para poder ouvir melhor. Então, dou uma risadinha e falo:

— Acredite, não foi difícil. É o último nome dele mais o ano em que nasceu. Só precisei de três tentativas para conseguir entrar. De início, não encontrei nada, mas, depois, chequei a pasta de *e-mails* deletados. Porque quando os garotos estão aprontando por aí, eles geralmente se lembram de apagar os e-mails, mas quase *sempre* se esquecem de esvaziar a pasta Lixeira.

Jade ri alto, propositadamente, atraindo a atenção do senhor Larson:

— Com licença, Senhorita Bristow. Você achou algo engraçado na resposta da Senhorita Rodriguez?

Jade balança a cabeça rapidamente e olha para frente:

— Claro que não — responde, demonstrando discernimento.

O Senhor Larson olha para ela com ceticismo:

— Então pedirei que você e a Senhorita Kasparkova poupem a conversa particular para depois da aula.

— Desculpe — murmura Jade.

Ela então se vira para mim e, por debaixo da carteira, faz um sinal de aprovação com o polegar. Nada se compara a encrencar-se com seu professor de Inglês para garantir a última prova de credibilidade.

Devo, talvez, mencionar que a história sobre a senha não é exatamente verdadeira. Nunca tentei descobrir a senha do Mason e nunca existiu uma amiga a distância, sul-americana. Mas tínhamos que encontrar uma maneira de dar a Heather (por meio de Jenna, é claro) uma razão para começar a suspeitar de Mason e, consequentemente, xeretar na conta de *e-mail* dele.

A verdade é que Mason me deu sua senha de *e-mail* uma vez quando estava perdido e precisava de mim para entrar na conta dele e passar as direções. Tarde demais! Se ele tivesse pensado antes sobre o que eu faria agora, isso certamente pareceria um grande erro.

E isso definitivamente foi muito útil ontem à noite, quando nós três entramos no *e-mail* dele e implantamos uma troca de *e-mails* do tipo não-muito-inocente entre ele e uma garota qualquer chamada Catherine Linton.

Claro que Catherine Linton não existe. Bem, talvez exista como a personagem principal do livro *O Morro dos Ventos Uivantes*. Mas, partindo do fato de que sei, com certeza, que Mason nunca leu esse livro e que Heather provavelmente nunca leu livro algum, calculei que era um pseudônimo seguro.

Agora, tudo o que temos que fazer é esperar e ver se Jenna LeRoux, nossa mensageira — que não tem a menor ideia de que é nossa mensageira —, passará a informação num tempo oportuno.

***

— Quem é Catherine Linton? — esbraveja Heather Campbell com voz furiosa, percorrendo o corredor do colégio depois do intervalo, alcançando efetivamente tudo e todos num raio de um quilômetro, incluindo Jade e eu, que nos escondemos com segurança atrás da fileira de armários, assistindo ao abençoado evento se descortinar à nossa frente.

Alguns minutos atrás, Angie testemunhou Heather num ataque aos computadores da biblioteca e viu quando ela saiu na direção do armário de Mason. Angie, imediatamente, me enviou uma mensagem pelo celular dizendo que a Fase Um fora um sucesso e que esperaria por meu sinal para executar a Fase Dois.

Agarro Jade, então, e corremos até o armário dele, um lugar que já visitei com uma frequência inacreditável, mas que, agora, sinto como se fosse um país estrangeiro. Um desses lugares em que a entrada de cidadãos americanos não é permitida.

— Não sei do que você está falando — responde Mason para Heather com uma leve frieza na voz —, mas acho que você deveria abaixar essa voz.

— Não me mande abaixar a voz! — grita ela de volta. — Quero saber quem é essa garota com quem você está se correspondendo por *e-mail*!

Entretanto, Mason somente balança a cabeça em uma frustração silenciosa:

— Heather, não me correspondo por *e-mail* com ninguém. Não faço ideia do que você está falando.

Visivelmente, ela não fica satisfeita com a resposta dele, porque comprime os lábios com força e olha fixamente para ele como se estivesse tentando abrir um buraco em seu rosto com um raio *laser* invisível implantado na própria íris.

— Não acredito que você simplesmente vai ficar aí parado e *mentir* para mim.

Ele fica olhando para dentro do próprio armário, quase como se estivesse tentando intencionalmente bloquear o som da voz aguda de Heather. Isso, obviamente, a enfurece ainda mais.

— Não estou mentindo para você — diz ele, tentando permanecer calmo. — Já disse, não estou me correspondendo por *e-mail* com ninguém.

— Hã-ham. Certo. — cruza os braços sobre o peito, parada de maneira provocadora na frente dele. — Então isso explicaria o porquê de uma sequência enorme de mensagens entre vocês dois em sua conta de *e-mail*.

— E como você saberia disso? — manda de volta a pergunta como uma bexiga cheia de água, pronta para explodir e molhar os dois.

Heather olha para cima e fala amuada:

— Você deixou seu *e-mail* aberto em meu computador ontem à noite. Pensei que fosse meu *e-mail* até começar a ler alguns deles e perceber que era o seu.

Mason estuda a expressão dela com grande interesse, parecendo estar se decidindo se vai comprar essa história ou não.

Claro que era uma mentira deslavada.

— Bom, eu não sei o que você acha que viu — ele diz —, mas não conheço ninguém chamada Catherine sei-lá-o-quê.

Viro-me para Jade e ergo a sobrancelha, questionando-a. Ela faz que sim com a cabeça e rapidamente pego o celular do bolso, digito as palavras "Fase Dois: começar" e mando a mensagem para Angie.

— É, como se eu fosse acreditar nisso — retruca Heather, virando a cabeça e inclinando-a no armário.

Mason respira fundo, fecha o armário e a encara:

— Heather — começa ele um pouco mais brando, aproximando a mão para tocar no cabelo dela —, estou dizendo a verdade. Por que eu iria querer qualquer outra pessoa se já tenho você?

E lá estavam elas. As mesmas palavras que Mason usou comigo apenas três semanas atrás. E eu acreditei nele. Do fundo do meu coração. Como uma idiota total.

Parte de mim queria vomitar bem ali no meio do corredor. A outra parte queria explodir em lágrimas e correr para o lado oposto. Pois, mesmo estando tão preocupada e distraída para preparar esta pequena armação, a primeira visão de Mason e Heather juntos ainda me dilacera por dentro. Não dá para ficar com uma pessoa durante dois anos e simplesmente apagá-la de seu coração em duas semanas. Não importa o tipo de desforra cármica guardada para ela. Simplesmente não funciona assim.

Mas, junto com o vômito querendo subir por minha garganta e as lágrimas querendo descer de meus olhos, sou despertada dos pensamentos por um som tipo alerta de mensagem de celular e sou imediatamente trazida de volta para este momento. Mason põe a mão no bolso e tira o tão familiar celular preto. Antes mesmo que ele tenha a chance de olhar a tela, Heather arranca o celular da mão dele e olha primeiro.

E então, assim que lê a mensagem, ela joga o celular direto na cara dele. Ele levanta as mãos para proteger o rosto do objeto arremessado e rebate o aparelho, que cai no chão, quebrando-se em dois pedaços.

Em seguida, ela sai pisando fundo e deixa Mason apenas com uma expressão de dor e um celular quebrado.

Jade e eu não precisávamos ver a agora quebrada tela do celular para saber o que a mensagem dizia. Porque fomos nós mesmas que escrevemos. E Angie somente mandou por um computador da biblioteca usando um *website* que envia mensagens de texto anônimas de graça para qualquer número que você digitar.

Embora essa mensagem de texto específica não fosse exatamente anônima.

Estava assinada por "Catie" (apelido de Catherine). E chegou bem na hora.

Da Agenda Oficial do Clube do Carma:

Beneficiário Cármico nº 2

Nome: Heather Campbell.

Histórico: Nova namorada do Beneficiário Cármico nº 1. Linda, popular e completamente insuportável. *Hobbies* conhecidos: fofocar sobre as pessoas pelas costas.

Desequilíbrio universal: Seduziu e roubou o namorado de um membro do clube depois que seu *status* social se elevou devido ao aparecimento bem-sucedido em uma revista.

Posse valiosa: Sua pele impecável.

Operação Cara de Chokito

O sinal toca no final do dia e sigo meu caminho até a sala de coordenação para pegar meu horário de monitoria com o Senhor Wilson, o coordenador, que orienta todos os alunos-monitores. Mas, quando coloco a cabeça para dentro de sua sala, vejo que está vazia. Olho em volta o procurando e acabo vendo parado de costas para mim próximo à máquina de tirar cópias.

Entro na sala e dou um tapinha de leve no ombro dele:

— Com licença, Senhor Wilson. Vim buscar meu cheque pela última...

Porém, quando ele se vira, vejo que não é o Senhor Wilson. É, na verdade, o Spencer Cooper, justo ele. Também conhecido como o atual namorado da Jenna LeRoux ou o cara cujos pais são donos do *loft* — o lugar para o qual, recentemente, decidi não dar mais a mínima.

Quase engasgo quando vejo seu rosto, o que, sinceramente, foi bem estúpido. Quem engasga quando vê uma pessoa tão atraente quanto Spencer Cooper? Admito, ele não é a pessoa mais legal ou o mais cavalheiro do mundo, mas isso não diminui o fato de que ele tem um rosto quase perfeito. Com uma pele sedosa, grandes olhos castanhos e um nariz levemente torto. Mas no bom sentido.

— Oi — diz ele amigavelmente.

— Você não é o Senhor Wilson — respondo imediatamente.

Ele ri:

— Não dá para discordar de você sobre isso.

Na mesma hora, sinto-me uma completa idiota.

— Apesar — continua ele — de que não tenho certeza do quanto estou feliz agora em ter sido confundido com um coordenador de 40 anos.

— Ah — gaguejo, olhando para meus pés, como se eles fossem me ajudar a encontrar uma desculpa plausível. — É que... você sabe, você tem a mesma cor de cabelo. E, é... tem a mesma altura. Você sabe... — acabo desistindo de tentar pronunciar uma frase coerente e só pergunto direto: — O que você está fazendo aqui?

É claro que se trata de outra coisa incrivelmente estúpida para dizer. Afinal, não sou eu que decido sobre quem está oficialmente liberado ou não para entrar na sala do coordenador. Diferentemente de pessoas que conheço que exigem uma lista de convidados para entrar em suas festas idiotas.

— Só estou tirando umas cópias — ele aponta para a máquina.

Bem, aquilo é bem óbvio. O que realmente quero saber é: "Você não tem um assistente pessoal que faz esse tipo de coisa para você?" ou "Seu papai não é dono de uma loja que tira cópias em algum lugar?". Mas a única coisa que falo é:

— Certo.

Então fico ali parada, sem ter muita certeza do que dizer ou fazer em seguida, e volto a olhar para meus pés.

— Se importa que eu termine? — pergunta ele, claramente zoando comigo.

— Ah... hum... não. Quero dizer, claro que não. Tanto faz — murmuro enquanto me viro, voltando para a parte da sala de espera.

Sento-me no sofá e espero o verdadeiro Senhor Wilson voltar de onde quer que ele tenha magicamente ido. Mas tudo o que consigo pensar é no quanto devo ter parecido idiota para Spencer Cooper e o quanto ele deve me achar uma total fracassada.

E então fico pensando por que é que me importo.

Sobretudo, quando tenho tantas outras coisas mais importantes em minha mente. Como a missão de hoje na casa de Heather Campbell, que certamente mudará a vida dela para outra direção.

Dessa forma, o que quer que Spencer Cooper acabe achando de mim não significa nada no grande esquema das coisas. Não é que eu esteja esperando tão cedo um novo convite para voltar ao *loft*. Eu não iria de qualquer forma.

***

Chego à casa de Jade às seis da tarde em ponto, vestida como ela chamou de "camuflagem noturna". Basicamente, é uma maneira chique de dizer toda de preto. Calças pretas, camiseta de manga comprida preta e meias e tênis pretos. Apesar dos meus protestos, Jade insistiu no conjunto por causa de uma cena que ela viu num filme antigo em que um cara andava furtivamente no escuro e o preto o ajudou a não ser visto.

Assim que chego ao topo das escadas, posso ver que Angie já está ansiosamente esperando no quarto de Jade. Ela está sentada na ponta da cama, segurando com força uma sacola de plástico cheia de "ingredientes" para a tarefa de hoje à noite. Pela maneira implacável que ela agarra a sacola, você pensaria que ela está protegendo documentos ultrassecretos para o presidente.

Quando me sento perto de Angie, tento dar uma espiada dentro da sacola, mas ela rapidamente a arrebata para longe de mim. Depois, fica em pé e abre um sorriso ardiloso para mim e Jade:

— Prontas para brincar de farmacêuticas? — pergunta com uma levantada rápida de sobrancelha.

Nós três corremos e nos amontoamos no banheiro de Jade, ambas olhando fixa e obsessivamente para a sacola de plástico nas mãos de Angie. Como funcionária oficial de uma farmácia, Angie nos garantiu que cuidaria de todas as "providências" para a tarefa de hoje à noite e, em todas as vezes em que imploramos detalhes, ela nos interrompia com a mão levantada no ar friamente e falava:

— Já disse a vocês que eu cuidarei disso.

Então, mesmo sabendo o objetivo de nossa missão desta noite e do contorno geral da execução, ainda estava no escuro quando se referia aos detalhes.

Angie continua segurando firme as alças da sacola enquanto me esforço para ver através do plástico branco. Mas minhas tentativas são inúteis. Aparentemente, ela previu o suficiente para pedir duas sacolas na loja. Ela é esperta assim.

— Ok — começa ela, mudando minha atenção e a de Jade da sacola para o rosto dela. — Todas nós sabemos por que estamos aqui.

Ela coloca a mão na sacola e tira um folheto. Põe o folheto em cima da pia e dá um tapinha proposital nele. Jade e eu nos apressamos para chegar mais perto e poder ver melhor. É uma brochura de papel de alta qualidade, dobrada em três partes, cheia de fotos coloridas e texto lilás. A palavra MYZACLIN está impressa com letras em negrito no topo.

— É um folheto do Myzaclin máxima força — explica ela informativa. — Distribuído nas farmácias e drogarias de todo o país, incluindo na que eu trabalho.

Jade e eu concordamos com a cabeça, ansiosas, mas permanecemos em silêncio.

— Como expliquei semana passada — continua Angie, os olhos fixos em nós com uma expressão séria —, o Myzaclin máxima força é receitado por dermatologistas para tratar acne severa e outras manchas indesejáveis na pele — pausa para respirar fundo. — Nossa própria rainha, Heather Campbell, apesar do que ela quer que acreditemos, é uma das pessoas que faz uso dessa receita.

Graças ao trabalho de quase meio período de Angie na Farmácia Miller, ela fica sabendo quais são os tipos de remédios que a maioria das pessoas de nossa cidade toma. E todas as vezes em que a mãe da Heather vai à farmácia reabastecer o estoque da filha, a Angie checa o recibo com informações grampeado à sacola ao registrar a compra. É assim que sabemos que sua aparência ótima e avassaladora tipo modelo, sem contar a posição permanente no topo da escada social do Colégio Colonial, não foram conquistadas só por ela mesma. Heather, na verdade, deve a maior parte de seu *status* de beleza de rainha a um potinho branco e lilás de creme para espinha. O mesmo pote na foto do folheto que Angie está, agora, mostrando com movimentos fluidos e suaves, como uma aeromoça afetada e elegante aponta para a saída de emergência. Muito nada-a-ver-com-a-Angie, para ser sincera.

Entretanto, parece-me que ela está muito satisfeita em exibir os vários aspectos do folheto enquanto explica eloquente:

— O Myzaclin é um medicamento muito forte. Basicamente, é o que receitam quando você tem um rosto que parece um *Chokito* gigante.

Solto uma risada e um sorriso que não para de crescer no meu rosto. Jade olha para mim e me dá uma ombrada brincalhona.

— Mas, esta noite — continua Angie apaixonadamente, com um dedo estendido para cima —, vamos substituí-lo por algo ainda mais... forte — espera um momento antes de pegar a sacola novamente.

Posso sentir o corpo de Jade endurecendo a meu lado. Nós duas seguimos a mão da Angie com os olhos enquanto ela procura algo dentro da sacola até tirar um objeto grande e pesado, colocando-o estatelado na pia, próximo ao folheto.

Fico olhando interrogativamente para o pote de metal laranja e branco que está agora no banheiro de Jade, parecendo terrivelmente deslocado perto da chapinha e do estojo de várias cores para sombra de olho.

— Um pote de manteiga? — pergunto, olhando espantada para Angie, buscando mais informações. — Você nos fez esperar todo esse tempo por causa de um pote de manteiga?

Jade parece ter sacado a ideia muito mais rápido que eu. De repente, ela explode numa risada alta e histérica:

— Ai, meu Deus! — exclama. — É genial.

Olho desvairadamente de Jade para Angie e vice-versa:

— Esperem... o que é? Por que manteiga é genial?

Angie rapidamente tira a tampa do pote e o balança à minha frente:

— Como você pode ver, é amarelo, cremoso em sua consistência e feito de gordura e *óleo* vegetal.

— Que nunca deve ser passado na pele — afirmo com uma compreensão súbita.

— Bem — diverte-se Jade —, a não ser que você queira que seu rosto fique parecendo um *Chokito*.

As três explodem em risadas que duram uns bons dois minutos. Assim que conseguimos nos acalmar e diminuir o ataque de riso, Angie pega a sacola e tira dela uma embalagem tipo *Tupperware* e uma colher de plástico. Tira a tampa da embalagem e começa a enchê-la com colheradas de porções generosas de manteiga. Jade e eu observamos felizes ela mexer a manteiga com a colher.

— A consistência tem que estar bem certa para poder parecer com o creme para acne da foto — diz Angie, gesticulando em direção ao folheto e depois pegando de novo a sacola para tirar dela uma bisnaguinha cheia de condicionador de cabelo.

Ela tira a tampa e despeja a metade dentro da embalagem.

— A manteiga sozinha não tem cremosidade suficiente. O condicionador vai ajudar a disfarçar o cheiro da gordura.

Ela mistura com a colher de plástico, com precisão, enquanto fala. Posso dizer que ela está curtindo isso imensamente. Provavelmente, mais ainda do que eu estou.

Quando fica satisfeita com sua mistura, ela cuidadosamente coloca a colher dentro da embalagem e recoloca a tampa com uma batidinha firme. Depois, entrega o pote para mim.

— Sabe o que tem que fazer agora, certo, Maddy?

Mordo o lábio e pego o pote dela:

— Sei — mas a minha voz oscila mais do que eu planejava.

Angie percebe minha inquietação e tira um pedaço de papel dobrado da sacola de plástico. Com um suspiro de impaciência, ela o desdobra, estendendo-o sobre a pia:

— Ok, vamos ver o mapa de novo.

Inclino-me para frente, estudando o diagrama multicolorido do primeiro andar da casa de Heather Campbell que Angie desenhou. Ela vira o desenho para mim, de forma que o pequeno retângulo colorido de marrom escrito "Porta da Frente" fique mais perto.

— Aqui é onde vamos estacionar — aponta para a entrada circular na frente da casa. — Se você deixar o carro nessa distância do círculo, não tem como ele ser visto da porta da frente.

Com meus olhos bem abertos, concordo com a cabeça, submissa.

Angie traça uma linha com o dedo pela lateral da casa e para em um quadrado menor cor de violeta ao fundo, que tem um asterisco grande e dourado marcado:

— E aqui está a janela do banheiro de Heather. É bem próxima ao chão, então você não terá problemas em passar através dela.

Devido a Angie e Heather terem sido melhores amigas, ela praticamente cresceu na casa dos Campbell e conhece tudo, quase tanto quanto a própria casa. Desde que começou essa missão, especificamente, tenho a sensação de que os motivos de Angie para se vingar de Heather Campbell podem ser mais fortes que os meus. Embora ela diga que Heather não vale nem a saliva que gastamos para fofocar sobre ela, não fui *eu* quem desenhou a planta detalhada da casa dela usando o que parece, ao julgarmos pela diversidade de cores, pelo menos um estojo de giz de cera de 64 cores. Dessa forma, não tenho muita certeza de quem foi a iniciativa de dar o troco que temos aqui. Não que isso importe. Estou certa de que Heather Campbell tem uma longa lista de desforra cármica pendente que abrange muito mais que nosso pequeno círculo.

— Quer levar o mapa com você? — pergunta Angie, dobrando-o novamente e entregando-o para mim.

Balanço a cabeça:

— Não. Acho que entendi.

Parecendo satisfeita, ela joga o mapa dentro da sacola.

— Certo. Então acho que é a hora do *show*.

No momento em que as três se amontoam dentro do carro e dirigem cinco quilômetros até a casa de Heather Campbell, o sol já está se pondo e a escuridão começa a se estabelecer. As borboletas em meu estômago começam a se manifestar, batendo as asas suavemente no início, mas com a promessa de uma viagem bem mais tumultuada à frente. O *Tupperware* cheio de nossa arma secreta descansa seguro em meu colo enquanto dirijo rumo à entrada de carros dos Campbell, e Angie orienta o caminho para estacionarmos em nossa vaga predeterminada. Soubemos, depois de ter ouvido escondido uma conversa no corredor, que Heather estará na casa da Jenna esta noite, o que esperamos que seja uma solidariedade pelo rompimento iminente com Mason.

Angie começa a me instruir enquanto tira o cinto de segurança:

— Assim que passarmos pela porta da frente, conte até cem e vá sorrateiramente para trás, até a janela do banheiro.

Concordo de novo:

— Entendi.

Ela tira uma prancheta da mochila e entrega para Jade, que está no banco de trás:

— Pronta?

Jade sorri enquanto pega a prancheta e abre a porta do carro:

— Com certeza.

Remexo-me nervosamente no banco enquanto as vejo caminhar até a entrada e tocar a campainha. Posso sentir meu pulso acelerar quando a Senhora Campbell aparece e recebe as visitas inesperadas. De dentro do carro não dá para ouvir o que dizem, mas vejo Jade apontando para a prancheta que tem na mão. Se elas estão seguindo o *script* que escrevemos numa noite dessas, ela provavelmente está descrevendo a pesquisa referente ao projeto da aula de Economia sobre hábitos de despesa. E, depois, vão explicar a grande ajuda que teriam se a Senhora Campbell pudesse responder a algumas perguntas sobre suas compras do dia a dia.

Observo a Senhora Campbell sorrir prestativa e consigo ler seus lábios dizendo:

— É claro — abre mais a porta para deixar Angie e Jade entrarem na casa.

Respiro fundo e conto lentamente até cem antes de abrir a porta do carro silenciosamente e sair pela entrada de carros. Começo, subitamente, a agradecer pela ideia do tênis preto medonho que Jade insistiu que eu usasse, pois as solas de borracha parecem absorver o som dos meus pés ao entrarem em contato com a calçada.

Mais ou menos neste momento, Angie estará perguntando à Senhora Campbell se ela pode usar o banheiro. Então, sai da cozinha em direção ao banheiro de Heather para abrir a janela, a fim de que eu possa entrar.

Por causa de minha recente menos-que-agradável história com Mason e Heather, ficou decidido de forma unânime que eu não deveria, sob nenhuma circunstância, ser vista na casa. Se a mãe de Heather acabasse falando para a filha que eu passei por lá (independentemente de qualquer projeto falso de escola que pudéssemos inventar), automaticamente levantaríamos suspeitas e tudo poderia acabar mal. Assim sendo, decidimos que eu entraria no recinto por meios alternativos.

Passo pela parte lateral da casa segurando firme o *Tupperware*, com muito cuidado para me esquivar das janelas no térreo. Enquanto passo furtivamente por baixo de uma que, no desenho, era rotulada como a cozinha, consigo ouvir a voz de Jade dizendo:

— É verdade, Cereais Viva parece ser uma escolha bem popular para as famílias. Sete em cada dez casas, que visitamos até agora, têm pelo menos uma variedade da marca Viva em suas despensas. Agora, se a senhora puder nos mostrar o tipo de detergente que usa...

Como era de esperar, com suas habilidades impecáveis de atuação, Jade está tirando de letra a armação, de maneira infalível.

Levo um tempinho até chegar à parte de trás da casa. Parte disso porque estou me movimentando em um ritmo muito cauteloso, para não fazer nenhum barulho desnecessário, mas principalmente pelo tamanho absurdo deste lugar.

Estou no canto da casa e posso ver a janela do asterisco dourado no mapa quando, subitamente, me vem um pensamento perturbador. Paro e olho atentamente à minha volta. Como o desenho da Angie ilustra, a parte de trás da casa tem um pequeno bosque. Isso significa que, felizmente, não há vizinhança para servir de potencial testemunha do que estou prestes a fazer. Embora esse pensamento tenha sido confortante quando a missão estava sendo elaborada, agora que estou de fato aqui com minha mão tocando o reboco exterior da casa, não consigo evitar sentir um bolo gigante se formando em meu estômago. Como se as borboletas que estavam flutuando decidissem parar no caminho e se juntar em uma sobrecarregada massa embolada.

E se formos pegas?

E se minha camuflagem noturna não for suficiente e alguém realmente me *ver*? Eu poderia ir para a cadeia por uma coisa dessas?

Não! Ouço uma voz discutir ao fundo, indignada. *Isso é ridículo.* A Senhora Campbell nunca permitiria isso. Obviamente, eu só teria que inventar uma desculpa imbecil como o porquê de eu estar subindo pela janela da filha dela... completamente vestida de preto. Com certeza, deve existir uma explicação verossímil para isso.

Porém, minha mente está vazia. Porque, verdade seja dita, não há explicação plausível para uma coisa dessas. Pelo menos, não uma explicação que não soe tipo a de um louco perseguidor e psicopata.

Talvez Angie e Jade me enviem um *kit* pessoal na prisão. Aqueles com sabão de verdade e loções cheirosas para neutralizar o fedor do meu macacão laranja. Talvez minha irmãzinha, Emily, se tornasse cúmplice colocando uma colher de metal no fundo de uma cesta de presente para que eu pudesse cavar uma saída da cela durante os próximos cinco anos.

Em minha mente, começo a ensaiar o que vou dizer à minha família quando me visitarem na cadeia, aí me deparo com a janela totalmente aberta à minha frente e a cabeça de Angie movendo-se à vista. Ela acena rápido, fazendo sinal para eu me aproximar. Rapidamente, pisco para sair do transe e me lembro de que não temos tempo para esse tipo de paranoia. Com mais atenção, jogo fora os receios de minha mente e apresso-me em direção à janela. Entrego o pote para Angie e ergo-me até a borda da janela. Primeiro, a cabeça e, depois, levemente menos graciosa do que imaginei, ergo a metade de cima do corpo através da janela aberta. Momentaneamente suspensa no ar com os pés para fora da casa e o torso para dentro, fico ainda mais agradecida por não haver outras casas atrás de mim. Pelo menos, ninguém poderá ver minha bunda grande e preta pendurada e desajustada para fora do banheiro de Heather.

Angie agarra minhas mãos e puxa o resto de meu corpo enquanto escorrego desajeitadamente em um tapete de banheiro branco, macio e fofo que parece ter sido estrategicamente colocado lá para mim... como uma almofada para aterrissagem muito chique.

Uma vez dentro e em pé, aproveito para olhar em volta um momento. As paredes são pintadas de uma gradação aveludada de azul-celeste acentuada por armários de madeira escura e pela moldura do espelho. Há várias velas tipo *tealight* em suportes rasos de madeira alinhados na bancada e toalhas felpudas brancas penduradas no *rack*.

Até o banheiro de Heather Campbell é perfeito, pensei.

— Vamos — cochicha Angie impaciente, trazendo-me de volta à realidade. — O que você está esperando? Me ajuda a procurar!

Desvio meu olhar de uma bananeira em miniatura no canto do cômodo e percebo que Angie já havia começado a revirar freneticamente os armários e as gavetas. Rapidamente junto-me a ela, procurando embaixo da pia algo que se parecesse com a foto do folheto.

— Achei! — ouço o sussurro rouco de Angie vindo detrás de minha cabeça.

Vejo-a retirar o familiar pote de plástico branco e lilás do armário de remédios e colocá-lo na pia. Ela não perde tempo para abrir o *Tupperware.*

— Ok — cochicha empolgada —, vamos fazer a troca e nos mandar daqui.

As borboletas estão se sacudindo alegremente em meu estômago enquanto retiro a tampa do pote de Myzaclin.

Está mesmo acontecendo! Penso comigo mesma. *Vai realmente funcionar!*

Mas, quando olho dentro do pote, minha respiração para na garganta e todo o meu corpo fica gelado.

Angie está parada próxima a mim com a colher de plástico na mão, preparada para esvaziar o conteúdo do pote, jogá-lo para escoar na pia e substituí-lo por nossa mistura improvisada.

— É... Angie? — consigo dizer fracamente sem fazer contato visual. — Tem um probleminha.

Ela vira a cabeça para o lado e me encara com um olhar impaciente:

— O que foi?

Seguro o pote aberto para que ela veja dentro dele o que eu estava vendo:

— É verde — digo a ela como se pedindo desculpas.

Ela arregala os olhos e abre a boca:

— Verde? Mas que...

E então arranca o pote da minha mão com violência, segura-o perto do rosto, olhando-o de diferentes ângulos. Como se a luz refletida pudesse mudar a cor dele. Mas é claro que não muda.

— Eu não entendo. Como pode ser verde? — fala alto, histérica. Muito alto, na verdade.

Já em pânico, estico a mão e coloco em frente à boca dela:

— Shhh!

— Não entendo — choraminga mais baixo. — Todas as fotos no folheto mostram um creme amarelado.

Pego o pote da mão dela e o estudo. Algo, imediatamente, chama minha atenção e aponto direto para uma linhazinha do texto escrito no rótulo:

— Agora com extrato suavizante de pepino — leio em voz alta. — É disso que, provavelmente, vem a cor verde.

Angie agarra o pote de mim de novo e lê o rótulo ela mesma.

— Droga! — dá um grito fraco. — Deve ser um lançamento ou algo parecido. Que diabos vamos fazer agora? Não dá para substituir um creme facial verde por um creme facial amarelo!

Nesse momento, parece até que Angie e eu entramos num estranho universo paralelo do tipo inverso. Pois, pela primeira vez na história da nossa amizade, é ela quem está tendo um ataque de nervos enquanto eu estou tocada por um incomum ar de tranquilidade.

— Bem — digo após respirar fundo —, acho que então teremos que encontrar um corante verde.

***

Quarenta e cinco segundos depois, Angie e eu desenvolvemos urgentemente um plano de ação precipitado, mas aparentemente fazível. Quando ela se reúne a Jade — que estou certa de que está esgotando rapidamente as perguntas enganosas para a mãe de Heather na cozinha —, fico ouvindo, do banheiro, silenciosamente, minha deixa.

Após alguns momentos de conversa fiada vinda do corredor, ouço Angie dizer mais alto (para meu auxílio):

— É... espere um pouco. Jade, você se esqueceu de perguntar para a Senhora Campbell sobre o sabão para lavar roupas.

Há um rápido silêncio, em que provavelmente Jade deve estar olhando sem entender nada para Angie, que deve estar tentando desesperadamente convencê-la com o olhar a fazer o que ela diz. Penso que deu certo, pois logo ouço Jade continuar a encenação com um:

— Ah, certo. Não sei como pude esquecer. A senhora se importa em irmos até a lavanderia agora?

Dou uma espiada para fora do banheiro e vejo a Senhora Campbell, Jade e Angie entrando no outro cômodo. Então, Angie agita o braço atrás dela pelo corredor, como se não estivesse mais preso ao corpo, acenando rapidamente para mim antes de fechar a porta atrás dela.

Disparo silenciosamente pela cozinha e começo, no mesmo instante, a abrir os armários próximos ao fogão, à pia e sobre a lavadora de pratos. Certamente não está me ajudando o fato de a cozinha ser grande o suficiente para preparar refeições para um exército inteiro, ainda que a família Campbell seja humildemente formada por três pessoas.

Certo, pense, comando a mim mesma. *Onde minha mãe guarda os corantes para alimento?* Por alguma razão, consigo visualizá-lo na prateleira da despensa de casa, ao lado de ingredientes para assados. Fecho os olhos por um momento e tento vê-los à minha frente. Fermento, bicarbonato de sódio, sal... colorante. Sim! Tenho certeza disso.

Assim que abro os olhos novamente, eles se fixam em um par de portas brancas em uma parte mais distante da cozinha. Corro pelo chão de cerâmica, com cuidado para não fazer barulho com o tênis preto com solado de borracha, e abro as duas portas. Em uma rápida olhada, sei que encontrei a despensa. Rapidamente, passo os olhos pelas prateleiras, uma por uma, até achar os rótulos familiares com as marcas famosas de ingredientes populares para assados. E, então, lá está ele: corante para alimentos em cores variadas. Solto um longo suspiro de alívio enquanto alcanço o frasco verde e fujo para fora da cozinha.

***

No momento em que fecho a janela e retorno, percorrendo a lateral da casa, Angie e Jade estão na porta da frente com a Senhora Campbell. Espero atrás de um pinheiro gigante e ouço a mãe de Heather falando qualquer coisa até que finalmente diz:

— Bem, espero poder ter ajudado.

— Ah, com certeza ajudou — ouço Angie responder, simpática, enquanto vai saindo da porta da frente. — Obrigada, mais uma vez.

Assim que a porta se fecha, saio detrás da árvore e apresso-me em direção ao carro. Quando estamos todas lá dentro, acelero para longe da entrada dos Campbell mais rápido do que você conseguiria dizer "Myzaclin máxima força".

Ninguém fala nada por uns dois minutos enquanto dirijo em um silêncio mutuamente atordoado. Enfim, quando já estamos na avenida principal, Angie diz:

— Bem, há muito tempo não faço alguma coisa tão empolgante quanto essa. Acho que perdi cinco quilos em cinco minutos.

Paro o carro no sinal vermelho e viro-me para ela, preparada para deixar toda a minha ansiedade e o medo confinados libertarem-se de dentro de mim. Mas, assim que olho para ela, começo a dar risada. Jade e Angie trocam olhares de preocupação, mas, então, rapidamente, juntam-se a mim até que as três, enfim, estão rindo incontrolavelmente no carro.

— Você deveria ter visto a cara da Angie quando eu disse que o Myzaclin era verde!

Mais risadas.

Enquanto estou rindo, fico pensando no creme verde para acne escoando pelos canos abaixo da casa da Heather e a manteiga tingida de verde com condicionador de cabelo, agora, ocupando seu lugar.

- Definitivamente, valeu a pena — digo com um sorriso.

Jade recupera o fôlego:

— Com certeza. E agora vai ser só uma questão de tempo até que as pessoas comecem a chamá-la de *Chokito*.

O sinal fica verde e sigo até um posto de gasolina, franzindo a testa confusa enquanto olho para Jade pelo retrovisor:

— Por que a chamariam assim? Tipo, ninguém vai *saber* que a gente substituiu o creme dela por manteiga.

— Não — responde ela. — Mas você nunca ouviu falar em "cara de *Chokito*"?

Balanço a cabeça:

— Nunca.

— Você sabe, tipo "ela tem tanta espinha que a cara parece um *Chokito* ambulante"...

Encantadas, tenho certeza

Certo, eu não esperava chegar à escola no dia seguinte e encontrar o universo de cabeça para baixo. Tipo, uma realidade alternativa em que Heather Campbell (ostentando, pelo menos, uma mancha facial bem indecorosa) não fosse a garota mais popular da escola e Mason estivesse chorando em algum canto distante. Sei que esse tipo de coisa leva tempo.

Mas o que eu, definitivamente, não esperava era ver Mason e Heather se beijando na frente do armário dela. Não só porque é totalmente brega, tipo, alô, isso é tão infantil, mas porque pensei que tivéssemos colocado um ponto-final em Heather e Mason ontem. Ou, pelo menos, que tivéssemos colocado em movimento o que precisava para levá-los para o fim dessa estrada.

Entretanto, esses não são sinais de um casal que está prestes a se separar. Na verdade, representam o oposto. E tudo isso está fazendo que eu me sinta um pouco enojada.

Quero dizer, pela maneira que estão agindo agora, você pensaria que nada aconteceu ontem. Que Catherine Linton nem existiu. Bem, tecnicamente, ela não existe, mas você sabe o que eu quero dizer.

***

— O que tá pegando? — diz Angie na hora do intervalo, enquanto nós três estamos sentadas, praticamente encarando a mesa onde Mason e Heather estão no meio de outra nojenta demonstração pública de afeto.

Viro o rosto para o lado contrário a essa imagem asquerosa e faço cara feia, sentada em minha cadeira.

— É, sério mesmo. Mason sempre odiou demonstração pública de afeto quando a gente namorava. Agora, ele é praticamente o porta-voz disso.

— O que quero dizer é por que eles ainda estão juntos, agindo como se nada tivesse acontecido? — reitera Angie. — Ontem, ela parecia estar prestes a jogá-lo de um precipício.

Respiro fundo e olho para meu sanduíche de pasta de amendoim e geleia. De repente, não tenho mais apetite. Empurro-o para longe e cruzo os braços.

Jade enterra o garfo em um prato de macarrão com queijo suspeito da cantina.

— Bem, posso contar o que ouvi hoje na segunda aula, mas vocês não vão gostar do que vou falar.

Angie e eu concentramos nossa atenção em Jade, os olhos arregalados de curiosidade.

Jade concorda com a cabeça, como se já temesse receber essa reação e diz:

— Ouvi alguém dizer, por alto, que Mason conversou com ela todo carinhoso, em vez de ficar bravo. Foi encontrá-la na casa de Jenna com flores, pedidos de desculpas, o básico.

Posso sentir as lágrimas surgindo no canto dos meus olhos:

— Não é possível — grito, histérica, fazendo que algumas pessoas das mesas próximas se virem para mim. Diminuo alguns decibéis de minha voz. — Ela recebe flores e pedido de desculpas elaborado depois de uma troca de *e-mails* idiota e mensagem de texto, e eu não recebo nenhuma palavra por uma semana e uma visita estúpida tipo "quero-as-minhas-coisas-de-volta" por causa de uma traição descarada pega no flagra. Isso é ridículo!

Angie e Jade trocam olhares apreensivos. Claro, elas não estavam preparadas para esse desabafo.

— Não fique preocupada — diz Jade com brandura, esticando-se para pegar minha mão. — Ele vai ter o que merece. Lembra? Você mesma disse isso.

— É, mas não está funcionando. Olhe para eles.

— Só temos que pensar em mais coisas para fazer — diz Angie. — Talvez *e-mails* e mensagens de texto não sejam o suficiente.

Abaixo a cabeça, abatida:

— É, talvez.

— Vamos pensar bastante sobre isso hoje à noite — sugere Jade — quando terminarmos os detalhes da Operação Travesti.

Todas as nossas missões são batizadas com códigos. Principalmente para que possamos falar nelas na escola sem correr o risco de alguém descobir o que estamos aprontando. Mas também porque "Operação Travesti" ou "Operação Cara de *Chokito*" soam bem melhor e mais emocionantes que alguma coisa do tipo "Hoje à noite substituiremos a medicação de acne da Heather por manteiga".

Apesar de que essa ficou hiperengraçada.

***

Naquele dia, assim que nos reunimos no quarto de Jade depois da escola, limpo a garganta para chamar a atenção de Jade e Angie e digo:

— Antes que a gente comece esta noite, tenho uma surpresinha para vocês duas.

Jade pega um pedaço de pizza da caixa que se encontra no chão e dá uma mordida.

— Que tipo de surpresa?

Pego, de dentro da minha mochila, três porta-joias embrulhados em papel prateado brilhante com laço cor-de-rosa em volta. Entrego um para Jade, um para Angie e o outro deixo em meu colo, para mim mesma.

Comprei os presentes pela *internet* na noite em que formamos o Clube do Carma e, finalmente, chegaram pelo correio ontem.

— O que é isso? — pergunta Jade enquanto segura a caixa próxima ao ouvido, como se esperasse ouvir o tiquetaque de uma bomba.

— É só um pequeno símbolo de nossa aliança — respondo.

Angie rasga o papel de embrulho primeiro e fala, ofegante, quando abre a caixa dela, dando uma espiada dentro:

— Ai, meu Deus!

— Não fala nada — grita Jade, protegendo os olhos do presente desembrulhado de Angie.

Ela para de sacudir a própria caixa e cuidadosamente retira a embalagem de papel, abre-a e descobre uma pulseira de prata de lei para colocar pingentes.

— UAU! Maddy, é linda!

— Sabia que vocês iam gostar — digo.

Gastei os últimos centavos que mantinha na conta bancária para comprar três pulseiras de pingente idênticas com, pelo menos por enquanto, um único pingente pendurado em cada uma delas.

— Eu amei a pulseira! — exclama Angie.

— Imaginei que a gente poderia adicionar um pingente tipo amuleto todas as vezes em que conseguirmos realizar com sucesso nossos objetivos cármicos — explico enquanto Angie e Jade tiram as pulseiras das caixas para admirá-las.

Pego a caixa do meu colo e, apesar do fato de já saber exatamente o que tem dentro, retiro o papel de embrulho como uma garotinha que espera uma bicicleta nova na manhã de Natal. Tiro minha pulseira da caixa e a coloco no pulso.

Jade copia meu gesto rapidamente e estende o pulso na frente do rosto para poder examinar melhor.

— O que este pingente significa? — pergunta Angie, apontando para o pequeno círculo metade preto, metade branco, preso à pulseira.

— Chama-se *Yin-Yang* — explico tipo *expert* tentando soar exatamente como Rajiv, meu guru de Carma. — É o símbolo da harmonia e do equilíbrio. E está aí para nos lembrar de que, para cada coisa ruim que acontece, há uma coisa oposta e tão boa quanto a outra, bem próxima. Tudo o que temos que fazer é encontrá-la.

— É sensacional — responde Angie. — Você aprendeu isso no Acampamento do Carma?

Eu rio:

— Sim, aprendi.

Ficamos admirando as pulseiras por mais uns dez minutos, discutindo quais seriam os pingentes tipo amuleto mais perfeitos para cada uma das quatro missões que planejamos e, então, Jade nos lembra de que temos que rever os detalhes finais da nossa missão de dar o troco em Ryan Feldman no sábado.

Retiro o livro oficial do Clube do Carma da mochila e abro na página em branco para recordarmos os detalhes dessa discussão. E, apesar de termos feito um progresso significativo na Operação Travesti, o resto da noite demonstrou ser pouco produtivo sobre nosso probleminha com Mason e Heather. Isto é, eles ainda estão juntos. Várias sugestões foram feitas e depois descartadas porque violariam nossa regra expressa de anonimato. Não podemos fazer nada que levante suspeitas em Mason de que eu estaria por trás disso. Como, por exemplo, colocar rosas no armário dele com um cartão de Catherine Linton. Pois Mason sabe que sou a única outra pessoa além dele que sabe a combinação, desconsiderando os funcionários administrativos da escola. Então, facilmente, ligaria os pontos a mim.

Também pensamos em mandar mais *e-mails* e mensagens de texto, mas rapidamente riscamos essa opção, pois o que quer que Mason esteja fazendo para convencer Heather de que é inocente está obviamente funcionando.

Então, no fim da noite, voltamos ao zero. Ou seja, nos próximos três dias antes do fim de semana, serei forçada a assistir a Mason e Heather fazerem do relacionamento amoroso e apaixonado deles um esporte com espectadores, o que acredito ser considerado, em alguns países, um castigo cruel e anormal.

Da Agenda Oficial do Clube do Carma*:*

Beneficiário Cármico nº 3

Nome: Ryan Feldman.

Histórico: Ex-namorado de Angie Harper. Primeiro lançador do time principal de beisebol do Colégio Colonial. Atual namorado de Leslie Gellar, líder de torcida.

Desequilíbrio universal: Entregou um membro do clube durante o fiasco de bebedeira do baile do primeiro ano para preservar a própria reputação.

Posse valiosa: Sua vaga no time principal.

Operação Travesti

Quando chega sábado à tarde, coloco em espera minha obsessão em terminar o namoro de Mason com Heather para poder me focar em nossa missão contra Ryan Feldman.

Uma hora da tarde, Angie e eu estamos de volta à praça de alimentação do *shopping* com Jade, durante seu horário de almoço, para discutir os detalhes de última hora sobre a operação de hoje.

— Tem certeza de que ela recebeu o cartão? — pergunto para Jade enquanto mando uma batata frita para dentro da boca.

Jade toma um gole do refrigerante e concorda:

— Absoluta — diz depois de engolir. — Mandei alguns dias atrás e ouvi Leslie comentando, ontem, quando estava no armário de Ryan.

Felizmente, para o Clube do Carma, o armário de Jade localiza-se a três armários de distância abaixo do armário de Ryan. Esse fato demonstrou ser um problema no início do ano, porque Angie se recusava a ir para qualquer lugar próximo a ele, com medo de cruzar com o desagradável ex. Com isso, éramos sempre forçadas a nos reunir próximas ao armário de Angie. Entretanto, mais tarde, provou-se ser um ótimo recurso, e não uma obrigação, uma vez que Jade podia ouvir várias conversas de Ryan Feldman nas últimas duas semanas. Uma delas foi entre Ryan e a namorada, que planejava arrastá-lo para uma de suas excursões irritantes ao *shopping* neste fim de semana. Ryan não estava exatamente vibrando com a ideia, mas, após o incessante choramingo de Leslie por vários minutos, reclamando que ele nunca se interessa pelas coisas que ela faz, ele acabou desistindo e concordando em acompanhá-la ao *shopping* hoje.

Essa informação inestimável promoveu, então, a base para nossa missão. E, durante o turno de Jade, ela entrou escondida no escritório do gerente e pegou "emprestado" um dos cupons promocionais de 50% de desconto em qualquer item da loja, que ele envia apenas para clientes especiais. Enviamos, assim, o cartão para Leslie Gellar, depois de preencher a data de validade para hoje. Dessa maneira, se Leslie quiser receber os 50% de desconto em mercadorias da loja Eve's Closet, hoje é o dia.

— Não se preocupe — garantiu-me Jade enquanto amassava a embalagem de seu sanduíche. — Leslie vai vir hoje à loja e trará Ryan — e, depois, começou a fazer uma imitação que ela afirma ser a voz do *Poderoso Chefão*. — Trata-se de uma oferta que ela não poderia recusar.

— Ok, certo — respondo. — Então, o que Angie e eu temos que fazer?

— Bem... — respondeu Jade pensativa. — Angie não pode de forma alguma estar à vista. Se ela for relacionada de qualquer forma à cena do crime, ele suspeitará imediatamente que tem coisa ali.

Angie concorda:

— Ela está certa. Vou ficar na loja do outro lado e mandarei mensagem de texto quando os vir entrando na Eve's Closet.

— Boa ideia! — diz Jade, apontando para Angie com firmeza, como se estivesse presidindo uma reunião de uma empresa da *Fortune 500*[1]. Depois, vira-se para mim: — E você pode ficar espionando dentro da loja. Vou precisar de mais um par de olhos lá. Como vou estar trabalhando, não vou conseguir vigiar Ryan o tempo inteiro.

— Sem problemas.

— Mas procure ficar longe do campo de visão deles. Leslie sabe quem você é e, se reconhecer você e fizer um drama por causa disso, você parecerá suspeita depois que a coisa estiver feita.

---

[1] Lista anual publicada pela revista *Fortune* relacionando as maiores empresas americanas. (N.R.).

— Entendi — respondo.

Jade checa o relógio.

— Ok, preciso voltar. Eles combinaram de se encontrar no *shopping* às 14 horas, então vocês devem acabar aqui e ir para os lugares estratégicos o mais rápido possível para o caso de eles chegarem cedo. Precisamos ficar prontas.

***

Vinte minutos depois, estou passeando entre araras de sutiãs e calcinhas, tentando parecer o mais imperceptível possível, quando meu celular vibra. Tiro do bolso e leio a mensagem. É da Angie.

Entrando agora

Meus olhos fixam-se na entrada da loja e vejo Leslie Gellar e Ryan Feldman andando em minha direção. Rapidamente, viro-me e começo a mexer nos cabides próximos a mim, fingindo estar muito interessada em achar um sutiã forrado sem armação e que seja o meu número. O que, ao julgar pela arara à minha frente, deve estar entre os tamanhos 46G e 50GG. Excelente.

Coloco o celular de volta no bolso e fico olhando os sutiãs, tentando parecer apenas mais uma consumidora interessada. Então, olho, casualmente, acima do meu ombro esquerdo e vejo Leslie carregando três sacolas de compras e vasculhando uma seção de biquínis tipo fio dental, enquanto Ryan fica parado ao lado dela, parecendo entediado e extremamente desconfortável.

— Não sei por que me arrastou para cá — diz ele enquanto enfia as mãos nos bolsos. — Pareço um pervertido parado no meio de um monte de roupa íntima de mulher.

Leslie revira os olhos e continua examinando as peças nas araras.

— Não, não parece. Contanto que fique perto de mim. Assim vai parecer apenas o namorado de alguém que usa roupa de baixo *supersexy*. Achei que você fosse gostar.

Ele cruza os braços e não reponde. A linguagem corporal fala por si só. Isso, aparentemente, frustra Leslie, pois bate o pé e diz:

— Já expliquei para você porque estamos aqui, Ryan. Recebi um cupom pelo correio outro dia e a validade acaba hoje! Você tem ideia do quanto é valioso um cupom de desconto de 50% na Eve's Closet?

Ryan suspira, indicando que, na verdade, não tem a menor ideia.

— Seja paciente — diz Leslie em um tom muito maternal enquanto ele afunda numa cadeira próxima de cara feia. — Só preciso me abastecer de calcinhas e talvez alguns sutiãs.

Dou um passinho para a esquerda e me escondo com segurança atrás de uma arara circular de calcinhas tipo *boy short sexy* enquanto pego o celular do bolso para mandar uma mensagem para Jade.

No fundo da loja, seção de biquínis fio dental

Então começo a examinar as calcinhas e espero Jade aparecer para executarmos a fase seguinte do plano. Depois de alguns minutos, ela não está mais à vista. Dou uma olhada por cima e confirmo que ela está parada atrás da caixa registradora atendendo a um cliente. E atrás desse cliente há, pelo menos, cinco pessoas esperando para pagar pelas peças. Ela me vê olhando e aponta com o próprio olhar para a fila, frustrada, indicando que está basicamente presa lá.

Olho novamente para Leslie, cujos braços estão agora repletos de diversos sutiãs e calcinhas e, pelo que parece, um tipo de espartilho. Ela se esforça para segurar tudo e também as três sacolas de compras.

Ryan, que parece mais entediado que antes, fala:

— Olha, vou esperar lá fora. Esta loja me deixa nervoso.

Leslie fica levemente amuada e responde:

— Certo, vá.

Com os olhos arregalados, viro-me para Jade e sua fila de clientes, que acaba de aumentar com mais duas pessoas nos últimos trinta segundos. Tento chamar a atenção dela acenando e pulando, até que alcanço meu celular de novo e digito uma mensagem apressada. Porém, meus dedos em pânico apertam várias teclas ao mesmo tempo.

Rayn ino ebora, o q fçço?

Jade não olha para cima. Está superenvolvida com um cliente à sua frente para perceber que o celular está vibrando no bolso.

Olho de volta para Ryan, que agora está feliz caminhando em direção à saída da loja, e sei que estamos prestes a perder a oportunidade de fazer o que planejamos aqui. E, se isso acontecer, o desequilíbrio universal de Ryan vai ficar completamente sem controle. Começo, imediatamente, a entrar em desespero.

E, então, ouço a voz de Leslie:

— Ei!

Por um momento, penso que ela está falando comigo, o que significaria que nosso disfarce fora descoberto. Não que isso importasse agora que Ryan está quase fora da loja e Jade presa atrás de uma registradora, incapaz de fazer qualquer coisa para mudar isso.

Entretanto, quando me viro para Leslie, percebo que ela não está olhando para mim. Ou para alguém em minha direção. Ela está olhando para Ryan. E ele para a apenas dois metros de distância da porta. Seus joelhos endurecem, tipo os de pessoas na prisão que estão prestes a sentir o gosto da liberdade condicional e são chamados de volta no momento em que veem a luz do dia. Ele a encara:

— O quê?

— Dá para você, pelo menos, levar essas sacolas junto com você? — fala Leslie do meio da loja, os braços ainda cheios de calcinhas. — Não dá para carregá-las *com* mais tudo isso.

Ryan faz o caminho de volta dentro da loja, relutante.

Minha mente começa a acelerar. Dou mais uma olhada na direção de Jade. Ela ainda não tem ideia do que está acontecendo. É agora ou nunca. Se essa operação vai acabar com uma vitória e um pingente para nossas pulseiras, sei que dependerá totalmente de mim.

Ainda virada de costas para Leslie e Ryan, alcanço a arara à minha frente e agarro três calcinhas variadas. Depois, deslizo junto à parede até chegar à outra arara circular. Esta é repleta de *baby-dolls* provocantes. Bato casualmente em um deles até cair no chão e então me abaixo como se fosse recolhê-lo de volta. Em vez de pegá-lo, vou engatinhando junto à arara em direção ao centro da loja.

Nesse momento, Ryan passa por mim com as sacolas de Leslie na mão e, enquanto tento desviar minha cabeça de um mar de cetim e laços, levanto o braço suavemente e deixo cair as calcinhas dentro de uma das sacolas de compras.

Em poucos segundos, enquanto estou me levantando e limpando o pó das mãos, ouço o alarme da porta da loja tocar.

É aí que consigo saber que nossa missão foi um sucesso.

A LENDA DO GRANDE LADRÃO DE CALCINHAS DA VOVÓ

Em uma fábrica de fofocas como o Colégio Colonial, não demora muito, na segunda-feira, até que a história sobre o novo registro criminal de Ryan Feldman se espalhe. Especialmente quando é revelado que a mercadoria roubada que encontraram na sacola de compras dele era nada mais nada menos que três calcinhas de tamanho extragrande. E, apesar de saber que seria muito mais marcante se eu pudesse dizer, com honestidade, que era tudo parte de um plano premeditado e que escolhi, especificamente, calçolas de algodão preferidas entre mulheres com mais de 55 anos, eu não poderia realmente levar o crédito. Eu nem sabia que tinha calcinhas assim para vender na Eve's Closet. Foi apenas um sinal de que o destino está ao nosso lado e que Ryan foi destinado a receber o castigo que merecia. E, com base no zunzunzum correndo solto esta manhã, esse castigo, em especial, está sendo discutido na administração da escola. Está expressamente registrado nas regras oficiais da Federação Interescolar da Califórnia que qualquer atividade ilegal ocorrida durante o andamento da temporada autoriza a suspensão imediata do jogador do time — motivo pelo qual escolhemos, precisamente, essa missão em primeiro lugar.

Jade nos contou que, devido ao fato de o valor da mercadoria ser muito baixo, Ryan não iria para a cadeia; contudo, o crime seria registrado como delito leve.

Ela também nos informou que Ryan tentou atribuir o crime a Leslie, que foi obrigada a esperar do lado de fora da sala durante todo o tempo em que ele foi interrogado no fundo da loja. Ele argumentou que, obviamente, Leslie havia jogado as calcinhas dentro da sacola antes de lhe entregar.

Pelo visto, ele não desistiu de tentar usar a própria namorada como bode expiatório. Acho que certas coisas nunca mudam.

***

No horário de intervalo, encontro-me na sala do coordenador para confirmar a data para a qual foi agendada minha próxima aula de reforço para o irmão mais novo de Seth Taylor. Pois o sucesso de nossa próxima missão depende de minha entrada em sua casa, para que eu possa mexer nas coisas dele. Quando pego a lista de alunos, vejo que Jacob Taylor solicitou uma aula comigo na quarta-feira depois da escola. No momento em que estou saindo da sala, ouço uma voz atrás de mim, chamando meu nome:

— Maddy?

Viro-me e vejo o Senhor Wilson, coordenador.

— Posso falar com você em minha sala?

Imediatamente, aciono minha memória tentando imaginar o que devo ter feito de errado. Talvez algum pai de aluno tenha reclamado do meu estilo de dar as aulas de reforço. Ou andei meio distraída nas aulas recentemente. Ou possivelmente algum de meus alunos reprovou em algum teste. Isso nunca é bom para os professores de reforço.

Sento-me na frente do Senhor Wilson e tento parecer tranquila e despreocupada. Nada fica pior para alguém que está prestes a levar uma bronca do que uma expressão de culpa.

— Está tudo certo? — pergunto casualmente. — Penny passou na prova de trigonometria?

— Está sim, Maddy. Está tudo bem. Penny tirou B+ na prova.

— Isso é ótimo! – digo.

Mas, se não tem problema nenhum, por que estou sentada aqui?

— Acho que você está fazendo um excelente trabalho no programa de reforço — começa o Senhor Wilson. — Só temos recebido elogios de pais e professores sobre você.

Sinto uma onda de alívio dentro de mim:

— Bem, que ótimo.

— Como você está lidando com esses trabalhos extras? — pergunta o Senhor Wilson.

— Ah, tudo bem. Sem problemas.

Não há razão para lhe contar que, quase todas as noites, tenho que me forçar a parar de pensar obsessivamente em Mason Brooks e, assim, poder fazer a lição de casa. Na verdade, não contei nem para Jade e Angie que ainda choro quando vou para a cama com o quarto vazio e o telefone não toca. Esses são os momentos em que mais sinto falta de Mason. Os momentos em que ele costumava me ligar e conversávamos até eu cair no sono. Sei que Jade e Angie não aprovariam isso. Afinal, toda essa coisa de Clube do Carma é para me ajudar a esquecê-lo. É para ser a maneira de partir para outra. Mas a verdade é que ainda não consigo. Pelo menos, não completamente.

Mas guardo isso somente para mim.

— Bom — diz o Senhor Wilson —, fico feliz em ouvir isso. Então, pedi que viesse aqui porque seu professor de Francês me disse que você está indo excepcionalmente bem nas aulas neste semestre e que está absorvendo incrivelmente a língua, e fiquei pensando se...

Enquanto o Senhor Wilson continua falando, ouço o fraco som de meu celular vibrando no bolso da frente da mochila. Ele vibra uma vez apenas, o que significa que é uma mensagem. De Angie ou de Jade, provavelmente. Finjo estar completamente concentrada no que ele está dizendo, concordando com a cabeça, enquanto, como quem não quer nada, inclino-me na cadeira para alcançar o celular e poder ler a mensagem por baixo da mesa do Senhor Wilson sem que ele veja.

Ela é de Jade, e é curta.

O veredicto está dado. Encontre-me perto do meu armário... agora!

Meu coração imediatamente começa a bater mais rápido. É agora! O momento pelo qual tanto esperamos. A administração tomou uma decisão sobre o futuro de Ryan Feldman. O time de beisebol do Colégio Colonial.

Esta pode ser nossa primeira vitória oficial do Clube do Carma!

Concordo com a cabeça com o que quer que o Senhor Wilson esteja falando enquanto guardo o celular na mochila.

Tudo bem, não sei mesmo por que ele ainda está falando ou por que me chamou aqui além de me elogiar pelo ótimo desempenho em absorver a língua francesa, mas preciso sair daqui agora mesmo. Talvez se eu apenas falar para ele que...

— Maddy? — o Senhor Wilson me olha interrogativamente.

— Oi?

— Você pode ajudá-lo com as lições de casa de Francês? — pergunta ele.

Certo, então agora tenho duas opções. Posso perguntar "Ajudar quem?" e admitir o fato de que não ouvi uma palavra que ele disse porque estou muito ocupada sonhando acordada com a humilhação que Ryan Feldman vai passar na frente da escola inteira. Ou posso dizer "Claro! Sem problemas!" e me mandar daqui para comemorar com minhas amigas.

É, essa é definitivamente a opção que devo escolher neste momento.

— Claro! Sem problemas! — digo, levantando-me da cadeira. Pego a mochila e dou um passo em direção à porta. — Fico feliz em ajudar.

O senhor Wilson parece aliviado:

— Isso é ótimo, Maddy. Obrigado. Ele está mesmo se esforçando e pode se beneficiar muito com sua ajuda. Vou marcar para vocês dois se encontrarem hoje depois da aula na biblioteca. Tem algum problema para você?

Sorrio, meio confusa, enquanto coloco a mão na porta para abri-la:

— Imagina, tudo certo. Vou vê-lo depois da aula. Nenhum problema. Bem, tenho que voltar para a sala. Obrigada, senhor Wilson.

E, antes que ele dissesse qualquer coisa, estou fora da sala, correndo pelo corredor principal como uma velocista olímpica. Quando finalmente chego ao armário de Jade, sem fôlego, vejo as duas paradas e rindo profundamente de algo.

— O que aconteceu? — exclamo sem ar. — O que vocês ouviram? Contem-me tudo.

Mas, sinceramente, não precisava nem perguntar. Posso dizer, pelo sorriso malicioso no rosto de Angie, que as novidades são boas.

Jade vira para Angie:

— Você quer fazer as honras? Já que ele é o seu ex?

Angie sorri em agradecimento e, com uma voz rouca, mas muito animada, diz:

— Ele está fora.

— Fora? — repito. — Tipo suspenso por três jogos?

Ela apenas balança a cabeça.

— Tipo fora do time e ponto-final? — pergunto de novo.

Ela concorda com a cabeça e começa a saltitar de um lado para outro. Não consigo me segurar. Mason e Heather ainda devem estar juntos, e o rosto de Heather ainda deve estar impecável (por enquanto), mas, pelo menos, este é um sinal de que nosso trabalho duro e nossos planejamentos cuidadosos estão, de fato, valendo a pena.

Jade sugere:

— Vamos escolher nosso primeiro pingente da vitória para as pulseiras depois da aula.

— Vamos! — digo sem hesitação, mas então lembro que acabei de combinar de dar uma aula de reforço para algum aluno esta tarde e meus ombros caem de frustração. — Ai, droga. Não posso. Tenho que dar uma aula de reforço.

O rosto de Jade se ilumina.

— Para o irmãozinho de Seth?

Balanço a cabeça:

— Não, essa não será antes de quarta-feira. Mas a aula de hoje vai levar somente uma hora, e então poderei encontrar vocês depois.

Combinamos de nos encontrar às quatro e quinze da tarde em uma loja de acessórios *hippies* na Rua Principal e nos separamos em direção à sala da quinta aula.

***

No fim da aula de hoje, começo realmente a me arrepender da decisão de pegar mais um aluno de reforço. Bem, tecnicamente, não foi uma decisão de verdade, pelo menos não uma decisão consciente. Foi mais uma tentativa de não ser pega distraída pelo senhor Wilson. Minha mãe, provavelmente, diria que foi uma decisão do tipo incontestável, então, vamos lá.

A questão é: tudo o que quero fazer agora é dar o cano nessa aula com o aluno novo e sair com minhas amigas para podermos continuar planejando as armações. É impressionante como uma vitória é capaz de nos fazer sentir que somos poderosos e com inspiração para continuar. Quero dizer, depois de ouvir as novidades sobre Ryan, gostaria somente de dedicar minha vida a criar Carmas para todo mundo que merece. Eu seria a Madre Teresa ou algo parecido. Percorrendo o planeta, ajudando os que precisam. Todas as vítimas das Heathers Campbell e dos Masons Brooks no mundo.

Naturalmente, não fujo da aula. Compareço, como a boa professora de reforço que sou, pois acredito que as pessoas que solicitam essas aulas realmente precisam delas. É só um tipo diferente de precisar de ajuda. E, a partir do momento em que eu começar a negligenciá-las, serei tão má quanto Ryan Feldman ou Seth Taylor.

Jogo os livros dentro de minha mochila, fecho o armário e me dirijo até a biblioteca. Uma vez que me encontro lá, dou uma olhada na sala para ver se encontro alguém que pareça ser um aluno com dificuldades em Francês, mas, infelizmente, não dá para saber. Então, só me sento em uma mesa próxima da porta e espero.

Cinco minutos depois, estou prestes a desistir e dizer às minhas amigas que me encontrem na loja mais cedo quando ouço uma voz falando o meu nome:

— Maddy?

Olho para cima e vejo ninguém mais que Spencer Cooper vindo em minha direção.

Ele de novo não. Que diabos ele está fazendo aqui?

— Oi? — respondo, tentando soar indiferente.

É óbvio que estou indiferente, oras, por que eu me importaria com ele? Eu não ligo para o que Spencer Cooper pensa sobre mim.

— Oi. Desculpa, estou atrasado.

Espere um pouco. Quê?

— Atrasado para o quê? — digo como se não tivesse ideia do que ele estava falando. E espero mesmo que não tenha.

— Nossa aula de reforço — diz Spencer casualmente e, em minha opinião, quase beirando a grosseria quando joga a mochila numa cadeira e senta-se à minha frente.

Não, não e não. Eu não aceitei dar aula de reforço para Spencer Cooper, o cara mais rico e mais metido da escola. Sem chance.

Mas, então, lembro que, tipo, concordei em dar aula de reforço para Spencer Cooper. Só não tinha ideia de que era Spencer Cooper quando fiz isso. E, se soubesse, provavelmente teria inventado uma desculpa.

— Você é o aluno com problemas em Francês? — pergunto, ainda não muito convencida em aceitar meu destino.

Ele concorda constrangido.

— Infelizmente, tenho que responder *oui*. Receio não conseguir compreender o subjuntivo ou qualquer tempo verbal, a propósito.

Ok, está na cara que isso *não* vai dar certo. Não posso dar aulas para ele. Não posso ter um lembrete de uma hora semanal do que aconteceu naquele desprezível *loft* dele. Não quando estou fazendo tudo o que está a meu alcance para apagá-lo. Ou pelo menos para me vingar. Qualquer coisa que acontecer nessas aulas, Spencer com certeza contará para Jenna, que, sem dúvida alguma, contará para Heather, e então estarei ferrada. De fato, não me surpreenderia se ele estivesse com microfones de vigilância escondidos embaixo daquele suéter de gola canoa incrível que está usando.

Isso não pode estar acontecendo. Dentre todas as pessoas desta escola inteira, por que Spencer Cooper tinha que estar com dificuldades com o subjuntivo em Francês? Quero dizer, por favor, não é tão difícil. Não dá para ele entender sozinho? E, caso contrário, os pais dele não deveriam pagar alguém, tipo um milhão de dólares por semana, para dar aulas de reforço de Francês para o filho? Alguém que seja realmente francês. Como Audrey Tautou, por exemplo.

Respiro fundo e observo, sem esperanças, Spencer pegar o livro de Francês da mochila e um caderno vermelho e abri-lo em uma página em branco. É aí que me dou conta de que nada disso estaria acontecendo se eu tivesse apenas ignorado a mensagem de texto idiota na sala do senhor Wilson e tivesse prestado atenção ao que quer que ele estivesse dizendo. Porque, se tivesse feito isso, estaria parada agora em frente a uma vitrine com vários pingentes para pulseiras, imaginando qual deles melhor representaria a vitória sobre Ryan Feldman. Mas, em vez disso, estou aqui, com ele. Mais uma funcionária paga da família Cooper. Como as doze empregadas, os mordomos e os motoristas, além das pessoas que eles provavelmente pagam para segurar os lenços bordados de ouro com que assoam os narizes.

E, de repente, desperta em mim um respeito pela política de não usar celular na escola.

Um pedido de desculpa inesperado

Após uma hora exaustiva de explicações sobre quando usar o subjuntivo e quando usar o tempo presente regular, finalmente consigo ir para a loja de acessórios na Rua Principal.

Estou cerca de cinco minutos adiantada, então fico caminhando casualmente pela loja, inspecionando as várias peças que a *Garota Moderna* chamaria de "bijuterias não convencionais". Muita coisa turquesa e símbolos da paz dependurados em mostruários de tecido bordado. Vejo alguns símbolos do Yin-Yang em anéis e pingentes para colares, mas, na verdade, estou com dificuldade de concentrar minha atenção nas bijuterias, pois não paro de pensar na conversa que tive com Spencer na biblioteca, mais cedo.

Depois de quinze minutos de aula, quando tirei os olhos da página do livro, eu o vi tipo me encarando com um olhar de pena no rosto. Como se eu fosse um cachorrinho perdido e ele estivesse preocupado se alguém apareceria me procurando.

— O que foi? — perguntei, coçando o rosto, envergonhada.

Ele balançou a cabeça, como se estivesse despertando de um transe involuntário, e respondeu:

— Nada. Desculpa. Onde a gente estava?

Observei-o com atenção e curiosidade e apontei para a página.

— Verbos regulares terminados em "ir".

— Certo — disse ele com um sorrisinho.

Voltei minha atenção para o livro e continuei a explicação.

Mas, quando o olhei dez segundos depois para ter certeza de que ele estava prestando atenção, percebi que estava me encarando de novo! Dessa vez, com mais preocupação no rosto.

— O que foi? — perguntei de novo, aborrecida.

Quero dizer, honestamente, qual era o problema desse cara? Será que ele achava que, só porque os pais são donos da metade da cidade, ele tem o direito de sentar e ficar olhando as pessoas estupidamente desse jeito? A família dele não lhe ensinou boas maneiras enquanto viajavam de jatinho pela Europa?

— Sinto muito pelo que aconteceu — disse finalmente, com um tom de voz que pareceu compaixão sincera. — No *loft* dos meus pais. Com Mason.

Imediatamente, percebi aonde ele estava querendo chegar. Estava tentando extrair informações. Detalhes picantes para levar para sua turminha. Queria que eu contasse o quanto estava magoada. Que eu confessasse que minha vida jamais voltaria a ser a mesma depois que Heather Campbell a invadiu e roubou o meu bem mais precioso. Talvez ele pudesse até conseguir me fazer derramar algumas lágrimas durante o processo. E então poderia voltar e dar a Heather a satisfação de saber que ela, sozinha, conseguira arruinar minha vida.

Bem, eu estava determinada a não permitir que isso acontecesse. Sobretudo, não quando estava sabendo que, nesta manhã, a própria rainha esfregou manteiga por todo o rosto sem ter a menor ideia disso.

Sem chance.

Ele podia ficar sentado ali o quanto quisesse com suas exibições de solidariedade e seu olhar preocupado. Porque esse moleque mimado pouco sabia de tudo o que eu tinha programado. E que era apenas uma questão de tempo até que eu não fosse mais a única a estar à beira das lágrimas.

Então, sorri educadamente para ele e ofereci um seco "Obrigada".

— Não, é sério — insistiu ele. — Eu me sinto mal com isso.

Nesse ponto, já estava ridículo. Não dava para acreditar que ele estava realmente tentando me provocar. Que estava realmente tentando me cutucar até encontrar o botão certo para apertar. Bem, ele podia cutucar o quanto quisesse, pois eu estava determinada a não ceder. E, só para provar, dei de ombros, indiferente, e disse:

— Agradeço sua preocupação, mas não tem motivo para se sentir mal. Estou bem. Sério.

— Sei que não é minha culpa — continuou ele —, mas aconteceu na minha casa e Heather é... bem, tipo amiga minha, e tenho essa sensação de que sou responsável de alguma forma.

Queria agarrar os ombros dele e sacudi-lo dizendo "Desiste, cara! Eu não vou chorar!", mas, em vez disso, voltei minha atenção para os verbos em Francês.

Entretanto, ele continuou falando:

— Sei que eu nem estava lá, mas alguém me contou no dia seguinte...

E, com isso, levantei a cabeça num ímpeto.

— Como assim você nem estava lá? — perguntei.

Isso era novidade para mim. Por que Spencer não estaria em sua própria festa? E, enquanto pensava sobre isso, de fato, não conseguia me lembrar de tê-lo visto lá. Admito, não o procurei. Estava muito ocupada procurando Heather. Ah, e também ocupada em dar de cara com meu namorado a beijando.

Ele balançou a cabeça.

— Não. Eu não sou muito fã das festas do *loft*. Chandra Cruz que geralmente as organiza. Só dou as chaves para ela. Acho que só fui uma ou duas vezes este ano.

— Como assim? — disparei rápido para depois retrair-me, repreendendo-me por deixar esse cara despertar em mim emoções descontroladas, incluindo a surpresa. Tentei me recompor e fingir uma indiferença no tom da minha voz: — Quero dizer, é tipo estranho que você não vá a suas festas.

Ele deu de ombros e colocou a caneta na mesa:

— O que posso dizer? Não sou o tipo de cara que gosta de festas. É como se eu tivesse amadurecido essa parte ano passado. Não é mais nem divertido. Só gira em torno de quem está lá e qual garota está vestindo o que e quem está ficando com quem. Pessoalmente, acho que é tipo imaturo.

Nesse momento, era eu quem o estava encarando. Não podia acreditar no que estava ouvindo. Spencer Cooper — tipo o Cooper do *loft*, tipo o filho dos donos do *loft* — não curte festas? Quão completamente ridículo era isso? E fiquei pensando se Heather tinha alguma ideia de que Spencer estava chamando toda sua existência de imatura. Por alguma razão, duvidei disso. E Jenna? Ela sabia que ele achava tudo isso?

Concordei com a cabeça, sem palavras.

— De qualquer forma — disse Spencer, pegando a caneta novamente —, só queria falar que sinto muito pelo que aconteceu lá. O que Mason fez foi completamente insensível da parte dele e sei que você não mereceu isso.

Por alguma razão, fiquei incapaz de mover minha mão e virar a página do livro. Todo o meu corpo estava meio anestesiado... e formigando ao mesmo tempo.

— Obrigada — consigo dizer fracamente.

Em minha opinião, estava me sentindo um pouquinho mais afeiçoada que o esperado. Mas, sinceramente, não consegui evitar. Simplesmente aconteceu. Assim como a leve umidade em meus olhos.

Mas, rapidamente, pisco para disfarçar e desvio o olhar antes que ele perceba minha expressão. Depois, silenciosamente me amaldiçoo por permitir que ele me envolvesse. Ainda que estivesse agradecida por conseguir parar antes que ele visse minhas lágrimas rolando. Se ele estava planejando deixar essa biblioteca com fofoca para dividir com os amigos, pelo menos não teria muita coisa.

Mas, por alguma razão, lá dentro de mim, eu não conseguia acreditar que isso era parte de um grande plano. Na verdade, estava começado a duvidar de que *existisse* mesmo um grande plano.

De novo, pensei que já acreditei em Mason quando me disse que nunca se interessaria em ficar com Heather, e veja como acabou afinal.

Ou Spencer é o melhor ator do mundo e está desperdiçando seu talento... ou está sendo verdadeiramente sincero.

Neste minuto, enquanto estou parada na loja de bijuterias esperando minhas amigas aparecerem, a única coisa que consigo pensar é no quanto o odeio por ser tão desgraçadamente ambíguo.

Angie e Jade atravessam a porta alguns minutos depois, e meus pensamentos sobre Spencer são rapidamente substituídos pela conversa de pingentes e Carma e vingança. E, acredite, fico incrivelmente agradecida pela distração.

Ficamos paradas na frente do mostruário uns bons vinte minutos discutindo qual pingente combinaria melhor com nosso objetivo. A decisão fica entre um pingente que parece uma calcinha e um que mostra um taco de beisebol batendo em uma bola. Mas, no fim, decidimos pelo de beisebol, pois é o mais representativo da vingança cármica geral de Ryan. O fato de sua reputação ter caído por terra e de que provavelmente será chamado para sempre na escola de "O grande ladrão de calcinhas da vovó" é só a cereja do bolo.

O taco de beisebol fica ótimo ao lado do pingente *Yin-Yang*, especialmente quando sabemos o que significa. Mas tenho que confessar: para mim, essa vitória é um pouco doce e amarga ao mesmo tempo. Porque, por mais que eu esteja emocionada por ter conseguido a bem-merecida vingança contra Ryan depois de ele ter traído minha melhor amiga ano passado, sinto-me mais ou menos desapontada por nossa primeira vitória não ter sido contra Mason. E não é só por isso, mas porque, todos os dias, sou forçada a assistir a Mason e Heather se acariciando no corredor ou na cantina ou no estacionamento, fazendo que a vitória pareça cada vez mais e mais distante. Quero dizer, estou tentando ficar otimista e tudo, porém, alguns dias são piores que outros.

Deixamos a loja e vamos direto para a casa de Jade, onde, sem demora, damos início à quarta e última missão que planejamos: a Operação Senhora Robinson. Essa foi ideia de Jade, na verdade. Ou melhor, o nome da operação foi ideia dela. Jade é hiperfã de filmes antigos e explicou que o nome foi inspirado no filme *A Primeira Noite de um Homem*, que saiu por volta dos anos 1960 ou algo assim. Quero dizer, quem é que sabe que, naquela época, já se fazia filme? Bem, de qualquer forma, ela nos obrigou a assisti ao filme juntas para que pudéssemos entender totalmente o significado por trás do brilhante nome.

Basicamente, é sobre um cara que acabou de se formar na faculdade e tem um caso com uma mulher mais velha, a Senhora Robinson, que também é amiga dos pais dele. Mas, apesar do fato de que ele ainda está dormindo com a Senhora Robinson, logo se apaixona pela filha dela. E, assim, fica impossível para o cara ter um relacionamento com a filha porque a Senhora Robinson fica com ciúmes e tenta arranjar um casamento para ela com outro cara. Dessa forma, ela mesma pôde ficar com o bonitão.

Para mim, o filme se arrastou um pouco demais e a história me pareceu muito incestuosa e errada, mas tenho que admitir que o nome "Operação Senhora Robinson", ou Senhoras Robinsons, no plural, ficou perfeito para o que planejamos fazer com Seth.

Ligamos o computador de Jade e a primeira coisa que fizemos foi criar um *e-mail* falso para Seth. Em seguida, abrimos a pasta de fotos de Jade e escolhemos três fotos dele que concordamos representar melhor os diferentes lados de sua personalidade: *sexy*, atlético e brincalhão. Jade sempre foi a fotógrafa do grupo. Ela adora tirar fotos. Enquanto eu, por outro lado, sou muito mais escritora que fotógrafa. Por isso fui escolhida como a responsável pela agenda oficial do Clube do Carma.

Jade entra em um site de relacionamentos na *internet* e já somos recebidas por uma página acolhedora. Sem pensar nem por um segundo, ela clica no *link* verde gigante que diz "Encontre-me uma alma gêmea agora".

— Ok, Seth Taylor — diz Jade com um olhar sedento por vingança. — Prepare-se para conhecer sua senhora Robinson.

Da Agenda Oficial do Clube do Carma:

Beneficiário Cármico nº 4

Nome: Seth Taylor.

Histórico: Ex-namorado de Jade Bristow. O orgulho e a alegria da família Taylor. Atual namorado de Lila Martin, membro ativo da fraternidade Delta Delta Delta da Universidade de Berkeley.

Desequilíbrio universal: Disse a um membro do clube que esperaria para transar até que ela estivesse pronta e depois transou com outra, em menos de 24 horas.

Posse valiosa: Sua reputação de "menino de ouro".

Operação Senhora Robinson

Querido Seth,

Parabéns pela conclusão de seu registro. Você está a poucos cliques do encontro com sua alma gêmea. Estamos empenhados em ajudá-lo a descobrir aquela pessoa tão especial. Esperamos que você aproveite todos os nossos serviços novos e aprimorados, além dos vários recursos que temos para oferecer.

Abaixo, há uma apresentação do perfil on-line *que você cadastrou. Favor verificar se as informações estão corretas. Seu cadastro estará ativo dentro de 24 horas, então, mantenha-se em contato conosco!*

Cordialmente,

Sua Leal Equipe de Encontros Amorosos

Perfil cadastrado para Seth Taylor

Fale sobre você

Nome: Seth

Idade: 18

Local: Vale Pinheiro, Califórnia

Estado civil: nunca foi casado

Profissão: Estudante

Altura: 1,82 m

Tipo físico: atlético

Interesses/passatempos: corrida, levantamento de peso, balada, cinema

Objetivos de relacionamento: somente diversão

Características que o atraem: mulheres audaciosas e positivas, paquera, demonstrações públicas de afeto, mulheres maduras

Fale sobre o par perfeito

Gênero: feminino

Limite de idade: 40-55

Limite de altura: 1,50 m a 1,75 m

Tipo físico: indiferente

Cor do cabelo: indiferente

Histórico de relacionamento: não ter sido casada, separada recentemente, divorciada

Na quarta-feira à tarde, encontro-me exatamente onde havia planejado estar: na cozinha de Seth Taylor, dando aulas de reforço de álgebra para seu irmão caçula.

Jacob Taylor não é uma criança burra, apenas teve a infelicidade de nascer irmão mais novo de Seth, o orgulho e a alegria da família Taylor. Ótimo na escola, ótimo nos esportes, bonito, charmoso, educado, blablablá. E também excelente em trair as namoradas.

Jacob não é tão inteligente, nem tão bonito e, definitivamente, não é tão charmoso. E vamos admitir que, no geral, não é Seth. Ele passa a maior parte do tempo se drogando com seus outros amigos também preguiçosos. Além disso, não é necessário ter um diploma em Psicologia para entender a razão pela qual irmãos mais novos, como Jacob, não se dedicam a nada a que se propõem fazer. Porque, na opinião deles, o que vai adiantar?

Espero o momento certo para dar uma escapadinha, enquanto Jacob está debruçado sobre um problema de equação de uma sequência de cinco fases. Então, peço licença para ir ao banheiro.

Caminho pelo corredor até o banheiro dos meninos, acendo a luz, ligo o exaustor e fecho a porta. Assim, caso alguém passe por aqui, pensará que está ocupado. Depois, começo a caminhar na ponta dos pés até o quarto de Seth, entro e fecho a porta atrás de mim.

Tenho certeza de que Seth está no treino de corrida, porque o vi na pista de atletismo do ginásio quando estava indo para o estacionamento da escola. Então, sei que estou segura aqui, pelo menos até as cinco da tarde, quando o treino acaba. Ou até que Jacob envie uma equipe de busca para me procurar por não ter retornado da ida ao banheiro.

Não posso acreditar no quão imaculado é este quarto. Tudo está exatamente no lugar em que deveria estar. Não há uma migalha de pão à vista, uma peça de roupa no chão ou um pedaço de papel deixado em cima da escrivaninha. Jade me avisou que o quarto poderia estar assim. Combinando com sua imagem de "menino de ouro", Seth também é obsessivo-compulsivo quando se trata de suas coisas, o que acrescenta mais um item à lista de motivos que fazem os irmãos serem tão diferentes. O quarto de Jacob, que vi rapidamente quando fomos procurar sua última prova de álgebra no meio de uma pilha de papéis no chão, para podermos revisá-la, deve estar na próxima lista de vigilância do setor de desastres do país.

A impecabilidade e a atenção que Seth dedica aos detalhes só nos ajuda em nossa missão. Ele mantém tudo o que se refere à sua vida, como seus compromissos, em seu celular *smartphone*, um presente de aniversário dos pais, que mantém junto de si em todos os momentos. E, uma vez que a agenda de compromissos de Seth nesta semana é precisamente a informação que estamos procurando, Jade sugeriu uma maneira alternativa de acessá-la.

Jade me explicou tudo antes que eu viesse para a aula de reforço de Jacob:

— Assim que Seth chega em casa depois da escola, ele sempre se senta na cadeira da escrivaninha e atualiza aquela coisa estúpida com seu precioso computador. Ele fez isso todos os dias durante o tempo em que estávamos namorando. E até que toda a informação tivesse sido transferida, não podíamos fazer nada divertido e nem mesmo nos beijar. Era uma chatice completa.

Rapidamente, sento-me na cadeira da escrivaninha e ligo o *notebook*. Abro o aplicativo e a tela aparece com toda a agenda semanal. Sem demora, clico em "imprimir" e espero a folha sair da impressora. Agarro-a, dobro e coloco no bolso de trás da calça. Então, desligo o computador e sigo em direção à porta do quarto.

Porém, assim que coloco a mão na maçaneta, ouço o som de uma batida fraca na porta, seguido pelo som da voz de Jacob:

— Maddy?

Ok, isso não é bom.

Não entre em pânico, ordeno a mim mesma e fico paralisada com a mão parada no meio do ar. Existe uma explicação aceitável para eu estar aqui dentro, tenho apenas que descobrir qual. Se eu fosse Jade, já teria inventado umas três desculpas, além de apresentá-las com uma credibilidade infalível graças à minha perfeita habilidade dramatúrgica. O único problema é que eu não sou Jade. Sou Madison (sinto que meu nome completo é provavelmente mais apropriado, aqui, dada a gravidade da situação de perigo). E Madison não atua nada bem. Além de ter sérios problemas para mentir. E, no momento, aparentemente, também para respirar.

Há outra batida na porta, desta vez consigo perceber que não é *nesta* porta, mas, sim, na porta do banheiro, um pouco mais à frente.

Eu já devia saber! Jacob não acha que estou *aqui* dentro, ele pensa que estou no banheiro, pois acendi a luz e o exaustor e fechei a porta.

Então, ouço sua voz dizendo:

— Maddy, você está bem?

E sei que não posso responder à pergunta, pois ele notaria que o som não vem do banheiro, mas, sim, deste quarto. Pressiono os lábios com força e tento pensar em uma saída para esta situação. Se nenhuma resposta sair daquele banheiro, logo ele ficará preocupado e tentará abrir a porta, ou buscará ajuda. Tipo seus pais ou uma ambulância. E isso seria um desastre.

Olho em volta do quarto, procurando alguma coisa... qualquer coisa... que possa me ajudar a sair dessa.

Então, sinto uma vibração em meu bolso e me lembro do celular. Pego-o rapidamente, ignoro a mensagem de texto de Angie que acabou de chegar e começo a procurar o número do celular de Jacob na agenda de contatos. Bloqueio meu número para não aparecer no identificador de chamadas dele e digito seu número. Enquanto espero que toque, prendo minha respiração até ouvir a chamada do celular dele com o som baixinho vindo da cozinha.

Ouço seus passos, até eles desaparecerem, e desligo o celular. Então, corro pela porta do quarto, fecho-a atrás de mim e abro a porta do banheiro para apagar a luz e o exaustor. Antes de me virar de frente para a porta, ouço a voz de Jacob:

— Você está bem?

Viro-me de frente para ele e vejo-o parado no fim do corredor, com o celular na mão, olhando-me com uma expressão realmente esquisita. Do tipo que parece uma mistura de preocupação e aversão.

Solto um suspiro:

— Sim, desculpe ter demorado tanto – então, para causar um efeito, finjo uma cólica estomacal. — Ai — solto um gemido. — Você não ia querer saber.

Ok, eu sei que é nojento. Pois estou sugerindo para Jacob que ou estou menstruada ou com uma indigestão daquelas (não tenho certeza de qual soa pior). Mas, como dizem, no amor e na guerra tudo é válido.

Jacob continua me olhando, sem saber como reagir a isso. E, então, diz:

— Estava batendo à porta e chamando seu nome, mas você não respondeu.

Engoli com dificuldade:

— Ah... você chamou?

Ele concorda com a cabeça, ainda me analisando com a mesma expressão estranha.

— Sério? Acho que não ouvi por causa do... é... — olho em direção ao banheiro — do exaustor e tudo o mais. É bem barulhento lá dentro.

Então, abro um sorriso inocente que costumava usar com meus pais quando era pequena e tentava me safar de algo que sabia perfeitamente bem que não conseguiria. Mas a verdade é que isso nunca funcionou naquela época, então, não sei bem o porquê estou usando esse recurso agora.

Para minha grande surpresa e alegria, Jacob deu de ombros e olhou para o próprio celular dizendo:

— Tanto faz. Perdi uma chamada de um número bloqueado. Odeio quando as pessoas bloqueiam o número delas. É só dizer quem é e parar de se esconder atrás da tecnologia.

Concordo com a cabeça, solidária, enquanto voltamos para a cozinha juntos.

— É, acho isso bem irritante — digo em concordância e sento-me na cadeira. — Então, onde estávamos?

***

O objetivo da Operação Senhora Robinson é encontrar as mulheres mais carentes, pegajosas e desesperadas que tenham passado dos 40 anos e que estejam por perto para marcar encontros com Seth em lugares públicos. Preferivelmente, quando ele estiver cercado de amigos, membros da família ou, melhor ainda, com a namorada nova da faculdade.

Felizmente, não foi necessário procurar muito tempo. As mulheres apareciam em bando para nós... ou melhor, para Seth, como se estivessem em um deserto de frente para uma miragem.

Cadastramos o perfil de Seth na terça-feira à tarde e, em apenas alguns dias, a caixa de mensagens estava transbordando completamente com convites para bate-papo, números de telefone e até algumas fotos delas sem roupa, que, para dizer a verdade, nenhuma de nós estava preparada para ver.

Quando nós três nos juntamos na casa de Jade na quinta-feira à noite, a primeira coisa que fazemos é investigar atentamente a agenda de Seth e, então, dividir com todo empenho os diferentes horários e locais de seus compromissos entre as principais candidatas que selecionamos nos *e-mails*.

Em algumas horas, marcamos quinze "encontros às escuras" para Seth Taylor. Nesse caso, a expressão "às escuras" apresenta uma descrição muito apropriada, já que Seth não terá a menor ideia de que se trata de um encontro. E, para que não nos percamos entre tantos detalhes, registro, na agenda oficial do Clube do Carma, todas as datas, incluindo os horários, locais e nomes das mulheres com quem Seth, sem saber, aceitou se encontrar. É impressionante o quanto pode ficar confuso acompanhar quinze mulheres de uma só vez.

É claro que fomos inflexíveis nos *e-mails*, com todas as mulheres, para que *não* mencionassem como o "conheceram" na frente dos amigos de Seth, pois ele não gostaria que soubessem que havia se registrado em um site de namoro *on-line*. Dessa forma, pedimos que cada uma delas inventasse, gentilmente, uma história criativa e engraçada em vez de dizer a verdade.

O plano funcionou brilhantemente.

Nos dias que se seguiram, Seth foi totalmente bombardeado. Em quase todos os lugares onde estava, havia uma mulher com mais de 40 anos, tentando desesperadamente aparentar uns 35, dando em cima dele. E a maioria delas não era muito sutil em revelar que estava "aberta para, praticamente, tudo o que ele quisesse".

Angie, Jade e eu passamos os dias indo furtivamente aos diversos locais dos encontros às escuras para testemunhar, em primeira mão, a gloriosa mortificação. Como, por exemplo, quando Sandy, nossa executiva da indústria musical de 49 anos, apareceu no almoço de Seth com os pais e avós, sentou-se à mesa ao seu lado e disse: "Ah, querido, acho lindo que você tenha chamado sua família para nosso primeiro encontro, mas já disse que não estou querendo nada sério. Só quero achar alguém para transar e, assim, poder me vingar do safado e cretino do meu marido". Nós três estávamos sentadas, imperceptíveis, próximas à sua mesa, tentando segurar a risada.

Ou quando vimos, da mesa ao lado, Leanne, comissária de bordo de 44 anos, aparecer no bar do Lenny, em Berkeley, e perguntar, de cara para Seth, na frente de sua namorada e seus amigos, se ele era contra ter filhos agora, pois seu relógio biológico tinha pouco tempo restante.

Entretanto, o que mais se destacou de tudo o que aconteceu foi na segunda-feira à noite, quando Seth tinha programado encontrar-se com a namorada, Lila, na casa dele, e três mulheres diferentes bateram à porta. Jade, Angie e eu estávamos posicionadas atrás dos arbustos que circundavam a entrada da casa dele, dividindo um par de binóculos, tipo como esses *paparazzi* de celebridades.

Quando a última mulher chegou e Seth abriu a porta, relutante, ela não perdeu tempo em mostrar a ele as ínfimas roupas que estava usando por baixo do casaco tipo sobretudo. E, felizmente, Lila, que estava ficando visivelmente mais irritada a cada visita inesperada, ficou em pé bem atrás dele quando isso aconteceu. Não podia ter sido mais perfeito que isso.

Lila, imediatamente, deu um empurrão nele quando passou pela porta, saindo da casa como um trovão, disparando um monte de impropérios no caminho, parecendo uma louca. Era difícil de entender o que ela falava no meio daquela confusão, principalmente porque a mulher continuava parada lá, seminua, na porta da casa de Seth. No entanto, pude pegar as palavras "maluco" e "pervertido" saindo da boca dela quando passou perto dos arbustos em que estávamos.

Não demorou muito e Seth Taylor já tinha uma nova reputação para defender na escola. Uma que envolvia em sua descrição, com frequência, a sigla MILF[2], que é usada para meninos atraídos por mulheres mais velhas.

E podemos dizer, com segurança, que seus pais não usarão mais o termo "menino de ouro" ao se referirem a ele.

***

Depois que a maior parte do estrago estava feito, decidimos apagar o perfil de Seth no site de encontros e também a conta de *e-mail* associada a ele. Assim,

---

[2] MILF – Mother, I'd Like to Fuck.

garantiríamos que o mistério de sua derrocada permanecesse eternamente assim... um mistério. E, mesmo que uma das mulheres tivesse mencionado o *site* de encontros e ele fosse procurar seu perfil, não haveria mais vestígios de sua existência.

Com exceção, é claro, dos amuletos em nossas pulseiras. Embora seja improvável que alguém consiga ligar essas duas coisas aparentemente desconectadas. Especialmente porque o amuleto escolhido é muito genérico e comum para garotas de nossa idade. É a forma de um chapéu de formatura. E não é porque vamos usar chapéus assim em apenas alguns meses, como muitas pessoas vão pensar, mas, sim, porque Seth Taylor é oficialmente o nosso primeiro formando do Carma.

A PROVA ESTÁ NO PERFIL DO FACEBOOK

Na sexta-feira seguinte, lá estou eu na biblioteca dando aulas de reforço de Francês para Spencer e contando os minutos para poder ir para casa.

Hoje é um dia particularmente difícil de suportar, pois é justamente o aniversário de Mason, e eu havia planejado, desde o ano passado, uma hiperfesta para os seus 18 anos. Já estavam decididos quais seriam o local, a decoração, a música, tudo! Eu tinha escolhido o tema "política", pois ele era o presidente da turma, além de estar sempre envolvido com ciências políticas, *e* porque, com 18 anos, você finalmente é considerado um cidadão legal e, assim, tem permissão para votar nas eleições.

Eu achava que fosse uma ideia para lá de criativa, mas, de acordo com o burburinho que está rolando pelos corredores, Heather organizou uma festa tipo restrita, apimentada e com o tema "Hollywood" para hoje à noite. Vai ter limusines, lembrancinhas caras e uma banda ao vivo. E até eu admito que parece ser um milhão de vezes melhor que aquilo que eu havia planejado. Mas a ideia de que Mason vai passar este dia tão especial com uma pessoa tão perfeita e linda como Heather Campbell fazendo sabe-Deus-o-quê em sua perfeita e linda mansão mediterrânea faz meu coração sangrar. E, com certeza, não ajuda saber que o rosto dela ainda não mostrou, lamentavelmente, sinal algum de erupção. E, com certeza, ela deve ficar linda de *lingerie*...

Ok, prometi que não me permitiria ficar pensando nisso.

— Maddy?

Spencer chama minha atenção para o assunto presente, que hoje se refere ao uso do condicional em frases com "se". Tipo, eu iria à loja *se* tivesse dinheiro. Ou, eu *não* estaria aqui *se* tivesse prestado atenção ao que o senhor Wilson falava.

— O quê? — digo como se não tivesse certeza de por que ele está me chamando enquanto estou sentada ali.

Spencer ri e diz:

— Parece que você está em outro lugar.

Balanço a cabeça, firme e negativamente.

— Não, não. Estou aqui.

— Acho que isso aqui deve ser tão empolgante para você como é para mim.

— Desculpe — digo finalmente —, eu estou prestando atenção.

E, então, como se ele pudesse ler a mente igual ao que acontece nesses programas de TV sensacionalistas, falou:

— É por causa do aniversário do Mason?

Levanto a cabeça muito rápido. Mais rápido que o normal, na verdade.

— O quê? — pergunto, tentando parecer casual.

— Você estava pensando na festa de aniversário do Mason de hoje à noite? — reformula a pergunta.

E agora fico mesmo pensando se ele não é uma dessas pessoas raras que conseguem ler os pensamentos. E, se for esse o caso, estou mesmo ferrada, porque já tive vários pensamentos do quanto é chato estar presa a essas aulas de reforço com esse cara. Então, na verdade, se ele consegue ler a mente, acho que deve estar lendo esses pensamentos também. E, em seguida, quando eu olhar para o rosto dele, presumo que ele vai estar com a sobrancelha levantada e confirmando com a cabeça, como se dissesse "Sim, eu sou esquisito e consigo ler sua mente".

No entanto, se ele quiser manter seu superpoder em segredo, ele não concordaria com a cabeça, pois sabe que é exatamente o que eu estou esperando que faça, já que acabei de pensar tudo isso.

Meu Deus, isso é muito confuso.

Bem, de qualquer forma, mesmo que ele pudesse ler a mente, eu não admitiria que ele está certo. Então, simplesmente, respondo com um "não" em um tom bem na defensiva:

— Por que você achou isso?

Spencer dá de ombros.

— Você estava com esse olhar distante e sei que a festa é hoje à noite, porque é só o que Jenna tem falado na última semana.

Posso jurar que vi seus olhos revirarem quando disse essa última parte. E a entonação irritada na voz parecia estar sugerindo que ele não é o tipo superfã de festas de aniversário em geral.

— Qual é o problema? — pergunto. — *Você não* está animado com a megafesta Hollywood?

Não me importo com a resposta que ele dará, só estou cutucando para ver se encontro uma reação que combine com sua reputação desagradável. Porque, com toda sinceridade, ele ainda não fez ou disse nada que parecesse remotamente esnobe desde que começaram as aulas de reforço.

Consigo ver, pela expressão em seu rosto, que minha pergunta mexeu um pouco com seus nervos. Mas ele balança a cabeça negativamente e diz:

— Não, na verdade, eu não vou à festa.

Não vai? Começo a pensar imediatamente. Não vai à megafesta cintilante que todo mundo está comentando? Isso é muito estranho. Principalmente, porque ele acabou de dizer que sua namorada só falou nisso durante a semana. O mais estranho de tudo é que tenho essa sensação estranha de que a razão pela qual ele não irá à festa tem a ver comigo. Embora não faça ideia do motivo, pois, quando paro e penso sobre isso, o raciocínio e a lógica me dizem que é absolutamente ridículo. Não é possível que Spencer se recusasse a ir à festa de aniversário de Mason por respeito a mim.

Espere um minuto, é possível?

Fico querendo pressioná-lo para obter mais informações, mas decido não falar mais e dirijo minha atenção aos verbos conjugados no caderno à nossa frente. Contudo, dou uma olhadinha rápida no rosto dele. Na verdade, eu olho diretamente para ele. E o que vejo é completamente inesperado. Parece que ele está sofrendo... magoado, até.

Mas, então, ele olha para mim e, rapidamente, desvio o olhar, murmurando alguma coisa do tipo:

— É, tenho certeza de que a festa vai ser uma droga total, de qualquer forma.

Ele concorda com a cabeça e completa:

— Certeza. Totalmente exagerada.

E não consigo mais imaginar o que ele está pensando, já que, depois disso, o assunto parece ter acabado.

***

Mais tarde, naquela noite, depois de ter ajudado minha mãe a lavar a louça do jantar, de ter adiantado a lição de casa do fim de semana e de dar algumas ideias para o projeto da feira de ciências de minha irmã, ligo o computador e entro direto na minha página do Facebook para ver o perfil de Mason. Esse tem sido o meu ritual noturno. Um pouco antes de ir para a cama, fico olhando a página dele. Sei que é muito masoquista e deprimente, mas acho que, em meu íntimo, só fico desejando que hoje seja a noite em que finalmente o seu perfil estará modificado. Que o nome de Heather Campbell não estará mais ocupando o cobiçado espaço "*status* de relacionamento" que costumava ter meu nome.

Lembro-me de ver o nome dela lá pela primeira vez, um mês atrás. Foi logo depois que os vi entrando juntos na escola. Naquela noite, quando entrei no Facebook, o nome dela estava lá, como num passe de mágica. E eu, como em outro passe de mágica, havia sumido. É como se eu tivesse desaparecido pelo espaço virtual ou algo do tipo.

Aquilo fez tudo se tornar dolorosamente real para mim, por mais ridículo que possa parecer. Quero dizer, quão deprimente pode ser eu precisar de um perfil imbecil do Facebook para me dizer que meu namorado não é mais meu namorado? Como se o Facebook fosse o registro oficial de relacionamentos e você tivesse que confirmar todos os rompimentos e inícios de namoros nesse sagrado prontuário *on-line* antes de poder considerá-los certificados e aprovados.

Infelizmente, esta noite não é diferente. O nome de Heather ainda está lá. E, quando clico na página dela, vejo seus olhos castanhos brilhando e sua pele sem nenhuma mancha praticamente rindo de minha cara pela tela do computador. O que me lembra, não tão sutilmente, de que estou fracassando em minha busca por vingança.

De repente, sinto muita raiva. A frustração está fervendo dentro de mim. Tem que haver uma maneira de colocar um ponto-final nisso. Alguma coisa em que ainda não pensamos. O maior plano dentre todos os planos para o rompimento deles.

E tem que acontecer agora!

Fecho o Facebook e abro a conta de *e-mail* de Mason. Começo a explorar a caixa de entrada como se fosse uma namorada ciumenta. Mas, na verdade, estou tentando achar uma inspiração. Talvez nós tivéssemos nos precipitado em suspender outra troca de *e-mail* entre Mason e Catherine Linton. Talvez, se fizermos agora de uma maneira um pouco mais obscena e até mais incriminatória, funcionasse melhor. Heather não é do tipo que toleraria uma rodada de sexo virtual sujo entre eles, é?

Mas, quando estou para clicar em "escrever *e-mail*" e começar a digitar uma correspondência digna de um livro romântico de bolso, percebo que um novo *e-mail* acaba de chegar à caixa de entrada.

O nome do remetente não é familiar para mim.

Leonard Palmer.

Hummm. Repito o nome mais uma vez e mais outra, mentalmente, tentando saber se já o ouvi antes. A curiosidade toma conta de mim e clico no *e-mail* para lê-lo.

Enquanto meus olhos percorrem o texto, meus lábios vão se separando até que fico de boca aberta.

Ai, meu Deus! Isso não pode ser verdade. Não posso acreditar no que estou lendo.

Sinto-me como um mineiro que fica cavando em busca de ouro por meses e meses e, mesmo assim, volta para casa de mãos vazias. E, numa noite, durante a longa e penosa caminhada para casa, sentindo-se desencorajado e pronto para jogar a toalha, lança a picareta com violência por cima dos ombros, em uma *performance* desafiadora que acaba perfurando, aleatoriamente, a lateral da montanha.

Quando se vira para ver onde a picareta caiu, fica piscando várias vezes, descrente.

Ele havia encontrado ouro.

Boas notícias chegam rápido

Eu sei que poderia simplesmente ligar para minhas amigas e contar o que acabei de ler no *e-mail* de Mason sobre o misterioso salva-vidas, Leonard Palmer, mas esse tipo de avanço é muito melhor quando compartilhado pessoalmente. Agarro a folha do *e-mail* que imprimi, digo a meus pais que decidi passar a noite na casa de Angie, pulo para dentro do carro e acelero pela avenida.

Assim que chego à avenida principal, pego o celular para ligar para Jade e pedir que me encontre na casa de Angie. Com uma mão firme no volante, pego o celular com a outra e aperto a discagem rápida do número de celular de Jade. Eu sei, eu sei, não deveria estar dirigindo e falando ao telefone ao mesmo tempo. É contra a lei, blablablá. Obviamente, a lei deve ter algum tipo de brecha em casos de emergência. E, apesar de que não tem ninguém morrendo de verdade ou algo assim, isso aqui ainda é um enorme caso de emergência para argumentar.

Ela atende ao telefone e já falo logo:

— Escute, não dá para explicar agora, mas acabou de acontecer um avanço no Clube do Carma e preciso que você me encontre na casa da Angie em... — olho para fora da janela e confirmo por qual rua acabei de passar — cinco minutos.

— Sério? O que aconteceu?

Piso fundo no acelerador para passar o sinal amarelo.

— Não dá para contar agora. Vai ser melhor pessoalmente. Mas pode confiar em mim. É sensacional.

Jade fica em silêncio e posso imaginá-la com a mente a todo vapor tentando calcular o que poderia ser um avanço. Quando ela retorna, diz:

— Certo, estou indo agora.

Pela minha visão periférica, vejo um clarão de luz forte. Do tipo que você vê quando celebridades estão caminhando no tapete vermelho e os *paparazzi* ficam tirando fotos delas. Imagino se tem algum artista famoso na cidade, mas não me atrevo a olhar para trás, pois já estou dirigindo com apenas uma mão no volante e a outra segurando o celular. Não posso arriscar bater este carro em um poste justo agora.

— Certo, vejo você lá — digo antes de desligar e jogar o celular no banco do passageiro.

Cinco minutos depois, chego à casa de Angie e olho, pelo espelho retrovisor, os faróis de Jade bem atrás de mim. Corremos para a entrada e bato na porta.

A senhora Harper atende à porta vestida com um roupão por cima da camisola. Ela olha para nós e depois para o relógio na parede.

— Jade e Maddy, são quase onze horas da noite. Não está um pouco tarde para visitas?

— Eu sei, senhora Harper — respondo. — Desculpe-nos pela hora, mas precisamos muito falar com Angie.

A senhora Harper suspira profundamente e dá um passo para o lado para nos deixar passar pela porta aberta. Então, grita para o fundo da casa:

— Angela, suas amigas estão aqui para ver você.

Angie aparece vestindo um shortinho velho e uma camiseta.

— Alguém morreu? — pergunta sarcasticamente.

— Ainda não — respondo com um sorriso malicioso.

Ela entende a dica.

— Certo, ok. Vamos para meu quarto.

Nós a seguimos e, assim que ficamos seguras após ela fechar a porta, arranco o *e-mail* e enterro a folha nas mãos de Angie, quase sem conseguir conter meu entusiasmo.

— Leia isto — ordeno.

Angie pega a folha e começa a ler enquanto Jade se pendura no ombro dela, tentando ler também.

Os olhos de Angie se arregalam e, alguns segundos depois, os de Jade também. Elas já estavam na parte boa. No ponto decisivo. A sentença que nos garantiria uma vitória muito maior do que jamais imaginaríamos para o Clube do Carma.

Angie acaba de ler primeiro e olha para mim.

— Isto aqui é verdadeiro? — pergunta com uma expressão de incredulidade.

Concordo com a cabeça, devagar, mas confiante.

— É. Encontrei no *e-mail* do Mason. Chegou enquanto eu estava conectada. E, já que ele está na festa megaluxuosa, provavelmente, ainda nem viu isso.

Em seguida, Jade olha para mim.

— Ele trapaceou? — confirma ela. — Nos exames finais?

Confirmo com a cabeça de novo.

— De acordo com esse Leonard — digo, dando um tapinha na folha —, Mason ainda não lhe pagou a outra metade dos cinco mil dólares que prometeu em troca de fazer os exames finais no lugar dele.

Jade põe a mão na própria boca.

— Isso é muito sério.

— Eu sei!

A expressão de Angie ilumina-se ao compreender.

— Isso explica o motivo de ele fazer a prova em outra escola, onde ninguém saberia que não era ele quem estava lá.

— É verdade! — digo. Já tinha pensado nisso no caminho para cá, mas é até divertido redescobrir tudo com minhas amigas. — Quero dizer, esse tal Leonard certamente se parece o suficiente com Mason. Tudo o que ele precisava fazer era emprestar sua carteirinha da escola e *voilà*! Leonard é Mason por um dia, e Mason tira uma nota altíssima nos exames finais, recebendo uma carta de aceitação antecipada na Universidade Amherst.

Jade apenas balança a cabeça sem poder acreditar.

— Sempre achei que havia muita diferença entre as notas das duas provas.

— Era mesmo! — exclamo. — Mas ele disse que tinha ido a essas aulas de reforço na Kaplan depois da escola para ajudá-lo a melhorar a nota. Quando, na verdade, ele estava pagando a esse cara cinco mil dólares para fazer a prova em seu lugar...

E, bem ali, tenho outra constatação e quase engasgo:

— Foi por isso que ele começou a trabalhar na pizzaria. Ele precisava do dinheiro para pagar o cara, o que explica o fato de ele ter pedido demissão alguns meses depois.

Nunca pensei que Mason fosse capaz de armar uma coisa dessas. Namoramos durante dois anos e, de repente, tenho a sensação de que não o conheço. E começo a me perguntar se cheguei a conhecê-lo algum dia.

— Então, o que faremos com isso? — pergunta Jade, os olhos turvos de tanta empolgação.

— Dã! — diz Angie, lançando-lhe um olhar óbvio. — Vamos mandar isso para a Amherst.

Sorrio largamente e mordo o lábio inferior de expectativa. Mason Brooks nunca sobreviveria a um escândalo de trapaça nos exames finais. Ele será chutado da turma ingressante da Amherst. Nosso colégio vai anular seu *status* de presidente da turma. Ele será completamente humilhado na frente de todos, e o melhor de tudo: Heather Campbell não vai querer mais nada com ele.

A parte mais hilária de tudo é que isso nem é uma vingança. Ele criou tudo isso para si mesmo! Esse desequilíbrio universal, obviamente, foi decidido por uma força muito maior que a gente. Tudo o que estamos fazendo é garantir que se torne conhecimento público.

E isso é mesmo muito ruim... para Mason. Porque, se ele não tivesse me jogado totalmente fora, como se eu fosse um pedaço de pão mofado, por causa de Heather Campbell, minha perspectiva sobre essa pequena descoberta poderia ter sido diferente. Eu poderia não ter sentido a vontade de dividir essa informação, anonimamente, com o escritório administrativo da Amherst.

Mas acho que tem água passando embaixo dessa ponte agora. Embora, ironicamente, se trate da mesma ponte que Mason sentiu tanta vontade de destruir no momento em que acabou de atravessá-la.

Neste momento, está bastante claro para mim qual é o lado em que o Carma está agora. E qual é o tipo de presente de aniversário que ele tem em mente para Mason Brooks.

As confissões no banheiro

Na manhã de segunda-feira, durante o intervalo entre a primeira e a segunda aula, estou dentro do banheiro feminino, na última porta fechada, sonhando acordada com o que acontecerá depois que os dois envelopes que deixei anonimamente no correio chegarem a seus destinos, em Amherst, Massachusetts (onde se localiza a Universidade Amherst), e Princeton, New Jersey (onde fica o Conselho Universitário, que coordena os exames finais do país). Meu sonho, porém, é rapidamente interrompido quando ouço a porta se abrir e o som de risadas agudas de meninas inundarem o banheiro de azulejos. Que, a propósito, não produz a melhor acústica quando precisamos manter nossas conversas somente para nós ouvirmos. E isso fica óbvio quando reconheço imediatamente a voz de Heather Campbell:

— É, ela é mesmo uma fracassada. É difícil imaginar que alguém ainda a respeite.

Ok, eu não sou uma pessoa paranoica, mas você entende que, dadas as recentes circunstâncias, sou levada a suspeitar que Heather esteja falando de mim. E, por essa razão, permaneço em silêncio, agradecida por ter escolhido a última porta dos banheiros para entrar.

— Quero dizer, dá para acreditar que ela ainda tem a coragem de mostrar a cara na escola? — pergunta Heather para sua companhia no banheiro.

— Claro que não — ouço a outra pessoa, que só posso imaginar ser Jenna LeRoux.

Mas, então, ouço a voz de Heather:

— E ainda tenho que sair com ela, sabe, para não parecer que sou uma amiga ausente, mas a reputação dela está acabada.

Certo, agora tenho certeza de que ela não está falando de mim, pois, definitivamente, não me lembro de Heather saindo comigo alguma vez na vida.

— É tão deprimente pensar que Jenna acha que, só porque ela sai comigo, as pessoas vão gostar dela de verdade — continua Heather.

Meu queixo cai totalmente. Por que Heather está falando mal da melhor amiga? Ok, *não* é Jenna quem está aqui com ela, mas alguém completamente diferente. E é assim que ela fala das amigas? Não consigo nem imaginar, então, o que ela falou de mim no mês passado.

— É — concorda a garota misteriosa. — Ela é muito tosca.

Começo a achar isso hilário, porque, levando-se em conta o que estou ouvindo, é bem óbvio que Heather vai para outro banheiro, em outro andar da escola, em outra aula, e, igualmente, começa a falar mal dessa menina para outra pessoa. Então, o fato de a garota estar declarando sua lealdade a Heather Campbell tão firmemente é muito cômico.

Cômico do tipo engraçado-dentro-da-minha-cabeça. Não do tipo engraçado-de-dar-altas-risadas. Obviamente.

— É, e você sabe, só porque ela namorou Spencer Cooper não faz dela automaticamente a rainha do baile ou coisa parecida — Heather continua.

Espere um minuto. Namorou Spencer? Tipo, com o verbo no pretérito? Quando eles terminaram? Isso é novidade para mim. Era a isso que Spencer estava se referindo na sexta-feira quando disse que não iria à festa de aniversário de Mason?

Sinto-me uma completa idiota por ter gostado da ideia de que a razão de ele não ir à festa tinha a ver comigo. Claro que não tinha. Tinha a ver com o fato de que Spencer não queria estar perto da ex-namorada.

— Bom, isso é bem óbvio — responde fielmente a outra garota. — Não tem a menor possibilidade de ela vencer você na escolha para rainha do baile.

— Principalmente depois do que Spencer fez com ela ontem à noite — cochicha Heather Campbell em tom de conspiração. É um daqueles cochichos que só se usa para dar ênfase e não porque você realmente quer esconder o que está dizendo de alguém.

O quê? O que ele fez? Imediatamente comecei a imaginar.

— Espere um minuto. O que ele fez? — pergunta a outra garota como se ela pudesse ouvir meus pensamentos através da porta.

Heather dá risada.

— Você não sabe? Achei que todo mundo já soubesse.

Balanço minha cabeça enquanto grito por dentro: *Não! Eu não sei!*

— Meu Deus do céu — começa Heather com a voz baixa e traiçoeira.

E posso dizer, só pelo tom de voz, que ela está mais que feliz em recontar essa história sobre sua suposta melhor amiga. Inclino-me na porta do banheiro em que estou trancada, ansiosa para ouvir cada palavra que está para ser pronunciada.

— Na semana passada, Jenna tentou terminar com Spencer, porque ela disse que eles não eram um casal que combinava. Você sabe, porque ele é mimado e tudo o mais, e os pais são donos de dez casas e sei lá mais o quê. Enfim, ele ficou muito irritado porque ela queria terminar e também porque ela falou para ele desconsiderar o convite para a festa do Mason. Então, na sexta-feira à noite, enquanto todos nós estávamos na festa, ele entrou escondido na escola e escreveu uma coisa horrível no armário dela — ela pausa com suspense. — Jenna e eu vimos quando chegamos à escola esta manhã.

— O que ele escreveu? — pergunta a outra garota com uma ansiedade desenfreada.

— Uma coisa tão horrível que não dá nem para repetir.

Mas ela repete assim mesmo. Porém, apesar de estar totalmente inclinada para frente, prestes a cair, tudo o que consigo ouvir são sussurros incompreensíveis.

— Coitada da Jenna — diz a misteriosa garota com um tom de voz sério.

— Pois é — diz Heather esforçando-se ao máximo para parecer solidária. — Dá para acreditar que ele fez isso com ela?

De fato, *é* difícil acreditar que Spencer tenha feito isso. Quero dizer, é tão mesquinho e imaturo... o que quer que ele tenha escrito. Sei que ele tem a reputação de ser um canalha, mas, depois que comecei a dar aulas de reforço para ele nas duas últimas semanas, passei a conhecê-lo melhor. Ele não parece o tipo de cara que escreve coisas indecentes em armários, não importa o quanto esteja zangado.

Meus pensamentos sobre Spencer são interrompidos brutalmente quando ouço Heather mudar de assunto e dizer:

— Credo, não sei por que minha pele está assim! Apareceram três espinhas desde a semana passada.

Minha expressão se ilumina. Sento-me direito na privada. Já dá para ter certeza de que, a essa altura, tem uma marca vermelha semipermanente em volta do meu bumbum, mas não me importo. Luto para alcançar minha mochila e pegar o celular para mandar uma mensagem de texto para Angie e Jade, mas surge uma imagem em minha cabeça do celular caindo no chão e eu sendo descoberta depois de tanto tempo escondida aqui e ouvindo a conversa inteira. Isso acaba me fazendo mudar de ideia. Então, mordo o lábio para não explodir em gargalhadas quando ouço a amiga de Heather tentando cumprir seu papel cívico feminino ao dizer-lhe que ela está perfeita e que as espinhas são quase imperceptíveis.

Impacientemente, espero até que elas saiam do banheiro. Então, levanto-me e alongo as pernas, pois fiquei sentada aqui um tempão. Aperto a descarga. Estou, pelo menos, uns dez minutos atrasada para a próxima aula, mas nem ligo. Pego o celular e mando uma mensagem para Jade e Angie perguntando se elas acham que a loja de acessórios tem algum pingente com a forma de uma espinha gigante.

O Médico e o Monstro, ou Dr. Jekyll e Mr. Cooper

As manchas imperceptíveis de Heather só pioraram durante a semana. E as pessoas estão começando a notar. Pois, quando a garota mais popular da escola, famosa por seus cabelos castanhos reluzentes e sua pele impecável, começa a se transformar em uma fábrica ambulante de espinhas, é difícil passar despercebida. Na quarta-feira, eu até a vejo usando um boné para esconder as erupções faciais da testa, até que o professor a manda tirar, já que é proibido o uso de boné na escola. Então, na quinta-feira, quando ela está andando no corredor, um cara grita: "Ei, Heather, não acha melhor parar com tanto chocolate?".

E, apesar de ela disfarçar muito bem ao responder a gracinha dele à altura, posso dizer, com certeza, que isso a arrasou por dentro. Na sexta-feira, ela não aparece na escola, alegando estar doente. E continua afastada na segunda e na terça-feira seguintes.

Minhas amigas e eu entendemos isso com um sinal óbvio de que atingimos um marco histórico em nossa campanha. No sábado, nos reunimos para decidir qual seria o pingente mais apropriado dessa vitória para adicionarmos a nossas pulseiras.

A primeira coisa que Angie sugere é um almofariz com pistilo, mas não faço ideia do que sejam essas coisas. Aparentemente, é tipo o símbolo oficial da indústria farmacêutica. Parece-se com uma tigela antiga ou uma xícara larga (essa é a parte almofariz) com uma colher redonda tipo de mexer substâncias (o pistilo, neste caso). Então, ao lado da tigela, aparecem as letras "Rx". Angie diz que é obrigada a encarar, o dia inteiro, um símbolo igual a esse que fica pendurado na seção de remédios da farmácia Miller.

Acho que faz bastante sentido depois daquela noite em que ficamos brincando de farmacêuticas no banheiro de Heather. E, surpreendentemente, conseguimos encontrar um pingente com esse símbolo na *internet*. Acho que devem existir várias farmacêuticas no mundo com pulseiras de pingentes tipo amuleto. No momento em que prendo o pingente em minha pulseira, tenho a sensação de que chamaria a atenção, pois não é o tipo de símbolo que uma adolescente escolheria para usar na pulseira.

E foi exatamente isso o que aconteceu na terça-feira seguinte, quando estava novamente dando aulas de reforço para Spencer, mas, desta vez, na sala de jantar de sua casa, em vez da biblioteca da escola.

— Por que você tem um pingente com o símbolo da indústria farmacêutica na pulseira? — pergunta ele.

Decido fingir que não entendi:

— Hã?

Spencer, com a mão, alcança o pingente em minha pulseira e o segura.

— Este aqui não é o símbolo da área de Farmácia?

Olho para o pingente e, por um segundo, tudo o que consigo pensar é na proximidade dos dedos dele com meu pulso. O que é ridículo, porque não estou, de forma alguma, interessada em Spencer Cooper, principalmente depois do que ele fez para Jenna na semana passada. Não que eu seja uma grande fã de Jenna ou algo assim, mas, independentemente disso, não foi legal o que ele fez. E depois... bem, eu não estou a fim dele e ponto-final. Assim sendo, não me importo nem um pouco se a pele dele está agora a milímetros de distância da minha.

Delicadamente, afasto meu pulso num movimento dramático e afetado de pegar uma caneta e, assim, encobrir o fato de que tentei evitar propositadamente seu toque. Então, digo:

— Isso aqui? Ah, tá. Não tenho certeza por que o tenho.

Excelente. Excelente mesmo, Madison.

E, então, ele olha para mim com o olhar engraçado e diz:

— Como assim, você não tem certeza? Não foi você quem o colocou na pulseira? Ou foi um ataque da bruxa malvada dos pingentes?

Certo, não estou achando nada legal o sarcasmo dele. Especialmente, porque estou lutando aqui para sair dessa sem nenhum prejuízo permanente.

Dou uma coçadinha na cabeça, mesmo que não esteja realmente coçando, mas, por alguma razão, as pessoas sempre fazem isso quando precisam encontrar uma história verossímil e urgente. Serei a primeira pessoa a documentar por escrito que isso não funciona.

— É — digo, um pouco rude. — Claro que fui eu quem o colocou aqui. Só não sei o que significa este símbolo.

Spencer concorda com a cabeça, cuidadosamente. Ou ele pensa que estou mentindo, ou está certo de que sou completamente maluca. Neste momento, não sei mais qual das opções eu prefiro. Só espero que ele desista dessa história e se esqueça de mim e de meus pingentes idiotas. E, para facilitar que isso aconteça, aponto para o livro de Francês à nossa frente e digo:

— Então, a substituição desse pronome já está fazendo sentido para você?

Mas, é claro, ele não pretende desistir. Ele não está nem aí para a substituição de pronomes ou qualquer coisa que esteja nesse livro. Tudo o que ele quer é resolver o mistério do inexplicável pingente. Como se ele fosse o próprio Sherlock Holmes investigando a história por trás dos obscuros "pingentes despropositados", a paixão de sua vida.

Mas que idiota.

— Só fiquei pensando nisso porque, em cada aula de reforço que você me dá, você aparece com um pingente diferente em sua pulseira. Foi alguém que deu esse pingente de farmacêutica para você?

Concordo com a cabeça e digo:

— Foi — apenas porque pareceu a resposta certa, mesmo sem saber o motivo.

Spencer me lança outro olhar esquisito.

— E a pessoa que o deu a você não disse o motivo?

Passo uma mecha de cabelo para trás da orelha e fico encarando a página do livro.

— Sim. Foi assim que aconteceu.

Spencer começa a bater a ponta da caneta no livro rapidamente.

— Certo. Isso é bem esquisito, mas tanto faz.

Quase solto um suspiro profundo de alívio quando ele volta a atenção ao livro aberto na mesa. Apesar de que isso não dura muito. Alguns segundos depois, ele olha para mim novamente. *Ai, meu Deus, ele não vai desistir dessa história idiota,* penso comigo. Mas, em vez disso, ele simplesmente pergunta:

— Você quer um refrigerante?

Mesmo sem querer, digo que sim. Spencer levanta-se e vai para a cozinha. Um minuto depois, retorna com duas latinhas de refrigerante. Pego uma, abro-a e tomo devagar. Não estou com sede, mas não quero ser mal-educada. Meu pai sempre me ensinou que, quando você é um convidado na casa de alguém, tem que comer o que colocam em seu prato e beber o que oferecem para beber. Embora eu ache que, quando ele disse isso, não estava se referindo às festas que acontecem sem a presença dos pais, nas quais alguém coloca uma cerveja em sua mão assim que você passa pela porta.

Por um rápido momento, Spencer bebe o refrigerante dele em silêncio. É um pouco embaraçoso, mas, sinceramente, não sei dizer o motivo. Quero dizer, sei que deveria só continuar a fazer o que vim fazer aqui, ajudá-lo com a lição de casa de Francês. Mas, por alguma razão, tudo o que quero fazer é perguntar a ele sobre Jenna. Perguntar o motivo que o levou a escrever coisas tão horríveis no armário dela com *spray* vermelho.

Eu mesma vi, ontem, antes de o pessoal da limpeza esfregar tudo, e posso dizer que aquilo não foi legal. Você precisa detestar alguém para escrever algo daquele tipo para o mundo inteiro ver. E a cada minuto que eu fico aqui sentada pensando sobre isso, fingindo que estou prestando atenção em minha latinha de refrigerante, cresce minha antipatia por ele. Foi tão lamentável e de mau gosto.

— Então, devemos voltar ao trabalho? — diz Spencer depois de tomar o último gole da latinha.

Esforço-me para dar um sorriso e coloco meu refrigerante de lado.

— É, vamos acelerar. Seus pais *estão* me pagando por hora.

Ele ri e me arrependo na hora de ter falado isso. Fico vermelha e desvio o olhar. Será que pareceu meio pervertido? Não quis que parecesse pervertido. Os pais dele estão mesmo me pagando por hora... para ajudá-lo com a lição de casa de Francês. Mas, quando olho para ele novamente, percebo que está me observando. Como se estivesse esperando que eu fizesse alguma coisa ou dissesse algo muito importante. Não do tipo importante relacionado à substituição-de-substantivo-por-pronome.

Estou prestes a abrir a boca e perguntar-lhe por que diabos está me olhando daquele jeito, quando ele diz:

— Eu deveria contar uma coisa antes de a gente continuar.

A primeira coisa que vem à minha mente é que ele vai confessar. Ele vai me contar toda a história sobre o que aconteceu com Jenna e o armário dela e o *spray* vermelho. E tudo vai fazer sentido. E ele será perdoado em minha mente. Pois, por alguma razão desconhecida por mim, neste momento, preciso que ele seja perdoado.

— Contar o quê? — digo, tentando parecer natural e despretensiosa.

Ele limpa a garganta, como as pessoas que estão prestes a confessar algo.

— Quando fui à sala do coordenador para solicitar um professor de reforço — começa ele —, eu tipo... é... pedi que fosse você.

Hã?

O que ele quer dizer com pediu que fosse eu? Ele nem me conhecia. Conhecia?

— Por quê? — perguntei.

Ele dá de ombros e evita me olhar nos olhos. Pela primeira vez, vejo-o nervoso. Mas por que razão neste mundo ele se sentiria nervoso comigo? Eu sou só a Maddy Kasparkova de sempre. A menina inteligente que acabou levando um fora no *loft*. Acredite, não sou ninguém importante para deixar uma pessoa nervosa.

— Não sei — responde ele. — Quando vi você na sala do coordenador aquele dia... você sabe, quando me confundiu, achando que eu era ele... achei você fofa e... bem, eu sei que a gente não deve escolher uma professora por ser fofa, mas isso também não pode causar nenhum mal, não é?

Fofa? Spencer Cooper me acha fofa? Tipo menininha fofa? Do tipo "Ah, olhem para ela, que fofa de bailarina". Esse tipo de fofa? Obviamente, é isso que ele quer dizer. Certo?

— Perguntei ao senhor Wilson se você dava aulas de reforço de Francês, e aqui estamos nós.

Não sei ao certo como reagir a isso. Não é todo dia que um dos caras mais populares e bonitos da escola diz que escolheu você a dedo. Está certo, trata-se apenas de uma escolha estritamente acadêmica, mas ainda assim... Então, só consigo responder:

— Ok.

Spencer parece ter ficado ainda mais desconfortável do que alguns minutos atrás.

— Eu não faço ideia do motivo pelo qual senti que tinha que contar isso para você. Só... contei.

— Ok — digo de novo, sentindo-me incrivelmente idiota. Mas, com toda sinceridade, foi a única palavra que surgiu em minha cabeça. Que tal agora essa escolha para a vida acadêmica?

Antes que eu pudesse pensar em alguma coisa mais articulada para dizer, de repente, Spencer está me beijando. Isso mesmo, dessa maneira completamente inesperada. E é completamente incrível. Seus lábios são macios e com gosto de refrigerante e bolinho de baunilha. Claro que sei de onde vem o gosto de refrigerante, mas e o de bolinho? Todo mundo fica pensando nisso em horas como esta. Não que eu me importe em saber.

Começo a sentir os dedos formigarem e, sinceramente, não me lembro, nem uma única vez, de me sentir assim quando beijava Mason. Mas também tem essa sensação involuntária de estremecimento. E fico ouvindo uma voz dentro de mim gritando para eu parar. Que esse cara, com certeza, não é quem ele está tentando parecer. Que isso é uma atuação. Spencer, o bonito, educado, que beija superbem, é, na verdade, o maligno pichador Spencer que escreve coisas horríveis em seu armário. Talvez, seja igual ao caso do Dr. Jekyll e Mr. Hyde. E talvez isso seja despertado pela lua cheia. Bem, então está tudo certo. Posso simplesmente beijá-lo desse jeito e, depois, quando a lua estiver cheia, mantenho-me afastada dele.

Os motivos para eu encerrar de vez este beijo fora de série ficam me atingindo como bolas de tênis, mas acerto todas elas, uma a uma, para fora de mim. Enfim, Spencer se afasta e ficamos nos olhando por um momento. Eu tipo fico esperando que ele diga algo como "Certo, e sobre esses pronomes em Francês?" e aja como se nada tivesse acontecido, mas, em vez disso, ele fala:

— Acho que não devemos contar aos meus pais que eles estão pagando por *isso*.

Dou uma risada nervosa.

— É, melhor não.

— Mas eu certamente pagaria por isso.

Sorrio porque sei que é um elogio, e não uma sugestão de que eu deveria passar meu tempo nas ruas em Hollywood depois da meia-noite esperando Richard Gere aparecer em seu Lotus emprestado, como no filme *Uma linda mulher*.

É completamente antiético para mim ficar beijando um aluno dentro do horário da aula de reforço, mas não consegui evitar. Tentamos nos concentrar no Francês, de verdade, mas cerca de cinco minutos depois de ficar nessa brincadeira em que você olha para alguém até que ele olhe de volta para você e, então, você desvia o olhar e acontece tudo de novo e ao contrário, a gente acaba se beijando novamente. Desta vez, com mais intensidade, pois ele coloca a mão na minha nuca e me puxa para bem perto, o que me faz derreter totalmente.

Continuamos a nos beijar por um tempo que pareceu horas, até que ouvimos a porta da frente se abrir e a mãe de Spencer entrar na casa puxando uma mala de rodinhas atrás dela. Foi quando nos afastamos, num instante, e interpretamos, da melhor maneira possível, duas pessoas estudando na mesa da sala de jantar.

— Estou de volta de Genebra! — anuncia sua mãe com entusiasmo.

Spencer finge estar absorvido pelo livro à sua frente e, sem olhar para ela, diz:

— Olá, mãe.

— Você deve ser a professora de reforço do Spencer — diz ela, tirando o lenço do pescoço e pendurando-o no armário de casacos ao lado da porta.

Pressiono com força os lábios e concordo com a cabeça.

— Sim, sou Maddy. Prazer, senhora Cooper.

Então, com o estampido do salto de seus sapatos pelo chão de madeira, ela caminha até a sala de jantar, coloca a mão no cabelo de Spencer, bagunçando-o em uma demonstração de afeto, e me dirige um sorriso sincero.

— Então — diz ela com uma pausa longa o suficiente para bater levemente com as unhas muito bem feitas no encosto da cadeira em que Spencer está sentado —, como está evoluindo a lição de casa de Francês?

Luto com toda a força para não explodir em risada, pois, se ela soubesse exatamente o tipo de Francês que estávamos estudando, duvido que eu ainda fosse uma das funcionárias contratadas pela família Cooper.

Caso de amor secreto

Tomo a decisão de não contar a Jade e Angie sobre minha aula de beijos com Spencer. Geralmente, conto tudo a elas, mas, por alguma razão, não quero falar sobre isso. Talvez porque sinta que terei que justificar o motivo pelo qual estou beijando um cara que escreve palavras sórdidas no armário das ex-namoradas. Ou, talvez, seja porque, quando começamos o Clube do Carma, nós três concordamos em deixar todos os homens fora de nossas vidas até a formatura.

Acho até que fui eu quem disse algumas palavras sobre o quão canalhas com as meninas são todos os garotos do colégio, além de que não merecem nosso tempo. Honestamente, bem agora, estou meio arrependida desse discurso tão impetuoso.

Não é que eu tenha deixado a casa de Spencer achando que somos um casal ou algo parecido. Não quero entrar em um relacionamento sério agora. Na verdade, disse ao Spencer, com todas as palavras, antes de ir embora, que não quero que ninguém saiba, e ele respondeu que estava tudo bem. Uma resposta que automaticamente me deixou preocupada. Estava tudo bem para ele porque ficou com vergonha de ter me beijado? Ou porque também não quer nada sério, somente manter-me por perto como uma amiga colorida e professora de reforço de Francês paga por hora?

Na manhã seguinte, estou na cozinha com minha irmã, Emily, comendo cereais com leite. Emily está rabiscando em um caderno e falando sobre seu novo projeto da feira de ciências, mas mal consigo prestar atenção. Minha mente está preocupada tentando imaginar uma maneira de conseguir sobreviver o dia inteiro sem deixar escapar acidentalmente tudo o que aconteceu na minha tarde com Spencer Cooper.

— Minha hipótese é que as plantas que ficaram expostas à música clássica vão crescer melhor que as expostas ao *heavy metal* — diz Emily.

Coloco uma colher cheia de cereal na boca e faço um "hummm" para indicar que estou interessada no que quer que ela esteja falando. Mas só estou interessada em aliviar minha cabeça das coisas maravilhosas que Spencer consegue fazer com a língua.

— Ou, talvez, eu pudesse usar *hip-hop* também — reflete Emily, colocando a ponta da caneta na boca. — O que você acha?

Estava prestes a dar um indiferente "Sim, boa ideia", mas minha mãe entra na cozinha com uma cara que parece que acabou de ver um fantasma. Os olhos tão arregalados que penso seriamente que ela está em estado de choque ou algo parecido. Ela segura o jornal, encarando-o como se estivesse sozinha. Caminha até a mesa da cozinha e se senta à nossa frente.

— Mãe, você acha que eu devo acrescentar *hip-hop* à minha experiência? — pergunta Emily, claramente sem perceber o estado catatônico de nossa mãe.

— Mãe? — pergunto. — Você está bem?

Mas, quando o meu olhar passa pela manchete do jornal, entendo, subitamente, o motivo disso tudo.

Agarro o jornal desesperadamente e o aproximo de meu rosto para ler melhor.

— Ai, meu Deus! — falo chocada.

Emily deixa a caneta cair e tenta ver sobre meu ombro.

— O quê? O que é? — então, consegue ler o que estou lendo. Sua surpresa é igualmente evidente. — É sobre Mason?

Mas eu nem respondo. Estou muito ocupada percorrendo a página com os olhos. Mais uma vez, a foto de Mason está me encarando das páginas de uma publicação familiar. Entretanto, agora não se trata de uma revista para adolescentes. É a *Tribuna do Vale Pinheiro*. E, desta vez, a manchete não está dizendo nada que se refira a ele como o melhor namorado do mundo.

ADOLESCENTE ENVOLVIDO EM ESCÂNDALO DE TRAPAÇA NOS EXAMES FINAIS

Leio o artigo do início ao fim, com meus olhos praticamente devorando as palavras: "aprovação anulada", "nota dos exames finais revogada", "administração da Universidade Amherst decepcionada". E, ainda, quando chego ao fim, tenho sede de mais.

— Ele trapaceou nos exames finais? — grita minha irmã, descrente.

Minha mãe fica parada ali, me observando. Ela está esperando minha reação. E, definitivamente, não é uma em que explodo em gargalhadas do tipo "sádica internada em hospital psiquiátrico". Então, tenho que disfarçar.

Abro a boca como se estivesse em choque e olho para ela.

— Isso é verdade?

Ela concorda com a cabeça e vem se sentar perto de mim.

— Você não sabia de nada disso? Aconteceu quando vocês estavam namorando.

Nego com a cabeça.

— Não tinha a menor ideia. Quero dizer, sei que a nota dele nos exames finais foi alta, mas achei que ele tivesse estudado muito.

— Como ele fez isso? — pergunta Emily.

Olho para ela com calma e paciência, mesmo com meu estômago borbulhando de empolgação.

— O artigo diz que ele contratou uma pessoa para fazer a prova em seu lugar.

Os olhos de Emily ficam arregalados.

— Caramba! Isso é muito mal.

— Não dá para acreditar — reflete minha mãe —, justo o Mason. Ele nunca pareceu ser esse tipo de pessoa tão desonesta.

Queria protestar contra isso e dizer algo como "Ah, mas você se surpreenderia", mas segurei minha língua.

— A escola diz que foi uma denúncia anônima — observa minha mãe. — Fico imaginando se o cara que fez o exame no lugar dele não teve uma crise de consciência.

Concordo com a cabeça, pensando que essa era uma boa explicação e que a usaria daqui em diante, caso alguém me questionasse.

***

Quando chego à escola naquela manhã, os corredores estão fervendo com a notícia. É tipo um *déjà vu*. Menos de dois meses atrás, caminhei por este mesmo corredor e ouvi as pessoas cochichando sobre a cara de Mason estampada na revista *Garota Moderna*. E hoje estão falando nele novamente. Mas com uma diferença muito grande. Que, em minha opinião, é um tipo de atenção muito mais merecida.

Mason, rapidamente, transforma-se, na escola, em uma pessoa do tipo que contraiu uma doença contagiosa. Ninguém quer ficar perto dele. Incluindo a cara cheia de espinha de Heather Campbell, embora seu rosto esteja, agora, clareando aos poucos, e presumo que seja devido aos dias em que ela esteve afastada alegando estar doente. Ela deve ter ido ao dermatologista e exigido uma receita de um medicamento mais forte. Entretanto, ainda me sinto muito confiante em nossa vitória, pois sei que a manteiga permanecerá em seus poros por pelo menos mais três semanas, sem sombra de dúvidas, antes que seja totalmente eliminada do organismo. E, mesmo assim, ainda vai levar mais um mês ou dois antes que sua pele volte ao normal. Isto é, se as espinhas não se transformarem em cicatrizes. Não custa nada sonhar.

Assim, a Operação Rompimentolândia fechou o ciclo, e Mason se encontra exatamente como deveria estar... sozinho. Admito, não foi o percurso que imaginamos desde o início, mas, ora bolas, quem sou eu para discutir com o Carma?

Mais uma vez, posso ouvir o correspondente do programa de celebridades na TV, dentro de minha cabeça, transmitindo a notícia que anda pelos corredores: "Confirmados sinais de problemas no paraíso. Rumores sobre o recente casal do Colégio Colonial, Mason Brooks e Heather Cara de *Chokito* Campbell, indicam que estão prestes a romper o romance depois de evidências trazidas à tona, hoje, que conectam o senhor Brooks ao controverso escândalo de trapaça. A senhorita Campbell ainda não se manifestou sobre o *status* do relacionamento deles, mas fontes próximas ao casal declararam que definitivamente chegou ao fim. Os boatos de um rompimento pendente vieram à tona, primeiro, um mês atrás, mas foi imediatamente negado, quando o senhor Brooks foi acusado de um possível envolvimento com uma mulher chamada Catherine Linton. Se os relatos da recente separação estão ligados ou não ao envolvimento de Brooks com Linton, ainda não foi confirmado. Catherine Linton, a mulher misteriosa por detrás dos rumores, não foi encontrada para declarações".

Enfim, nós três pudemos celebrar nossa vitória final. Foi quase um cerimonial, na verdade. Jade esbanjou com *muffins* vermelhos, brilhantes e deliciosos de uma padaria chique do centro da cidade, e nos sentamos, as três, em círculo, no chão de seu quarto, enquanto, simultaneamente, prendíamos o quinto pingente em nossas pulseiras.

Este pingente tinha a forma de um coração... partido em dois.

Ele tem vários significados, na verdade. Porque não representa somente os sentimentos de Mason em ter perdido Heather e sua entrada na Universidade Amherst, mas também simboliza tudo o que passamos para chegar até aqui. Cada uma de nós com seu próprio coração partido. Pois foram esses corações partidos que inspiraram os outros quatro pingentes em nossos pulsos. Então, concordamos que a forma de um coração partido seria a inclusão final perfeita para nossa coleção.

***

Depois que o burburinho inicial sobre a trapaça de Mason e seu consequente rompimento com Heather foi diminuindo aos poucos na escola e dentro do Clube, as coisas caíram na rotina normal. Angie trabalhando em seu quase meio período de sempre, Jade se preparando para o teste para a nova peça do colégio e Spencer e eu passando a maior parte das tardes escondidos no quarto dele. Certo, essa última parte não é exatamente uma rotina normal, mas é muito boa também.

Felizmente, não dou mais aula de reforço para ele. Menti para o Senhor Wilson dizendo que estava com problemas para conciliar as aulas com meus trabalhos da escola. Então, ele designou outra pessoa. Pois, sinceramente, depois de duas ou três aulas em que somente ficávamos nos beijando no sofá da casa dele, fazia que eu me sentisse uma prostituta quando, depois, ia pegar o cheque na sala de coordenação da escola. E imagino que, assim, isso transformaria o Senhor Wilson em meu cafetão.

Ok, isso foi nojento.

Eu *quase* consegui me convencer inteiramente de que não me importo com o que Spencer escreveu no armário de Jenna. Quero dizer, Jenna não é a pessoa mais legal do mundo. Sei que não tem desculpa para o que Spencer fez, mas, sinto muito, quando alguém beija assim, você acaba inventando coisas para si mesma... muitas coisas. Qualquer coisa que garanta que os beijos não acabem.

No sábado à noite, estou deitada na cama de Spencer (completamente vestida, é bom ressaltar), e estamos nos beijando e é incrível. Somos, então, bruscamente interrompidos pelo som de meu celular tocando. É o *ringtone* de Angie, então ignoro e continuamos de onde paramos.

— Você não vai atender? — pergunta Spencer em murmúrios entre os beijos.

— Não — murmuro também, puxando-o para mais perto.

Ele parece não se importar com minha resposta, pois não argumenta, e as coisas continuam em seu curso planejado... ou devesse dizer "*não* planejado". Pois nem em um zilhão de anos eu teria planejado algo assim. Simplesmente aconteceu. Se você tivesse me dito alguns meses atrás que, bem agora, sábado à noite, eu estaria deitada na cama de uma das notórias mansões Cooper com a língua de Spencer em minha boca enquanto a festa do *loft* está rolando solta a alguns quarteirões de distância, e que ele declarou não ter o menor interesse em ir para lá, eu responderia que você está completamente fora do normal. Porque pessoas como eu não beijam pessoas como Spencer.

O celular toca de novo e, de novo, é Angie. Solto um suspiro de lamentação e Spencer se afasta, sentando-se na cama. Ele pega meu celular da mochila e o entrega para mim.

— Quem quer que seja, é bem insistente. Talvez seja melhor você atender.

Balanço a cabeça e aperto "ignorar chamada", jogando-o longe.

— É Angie — respondo. — Ela é sempre insistente. Faz parte de sua personalidade. Ligo pra ela depois.

Mas, então, o telefone toca pela terceira vez, e Spencer me lança aquele olhar tipo "atenda e se livre logo para a gente continuar o que estava fazendo".

Suspiro, pego o celular com relutância e aperto a tecla "responder".

— Oi, Angie — digo, tentando parecer menos indiferente do que me sentia. — O que aconteceu?

— Maddy? — tem alguma coisa de errado com a voz de Angie que me faz sentar um pouco dura. Parece que ela está com muito medo. E, com Angie, isso não combina nem um pouco.

— Angie, você está bem?

Há um silêncio na linha, e sinto um arrepio de aflição percorrendo a espinha. Repito a pergunta, desta vez, com um tom bem mais insistente. Spencer percebe a preocupação em minha voz e fala:

— O que aconteceu?

Balanço a cabeça em resposta e desvio o olhar.

Então, Angie responde finalmente:

— Não, não estou bem.

— O que aconteceu?

Eu a ouço ela dar um suspiro longo e profundo e dizer:

— Estou na delegacia.

— O quê? Por quê? — imediatamente penso no Clube do Carma. Fomos descobertas. Denunciadas. Está tudo acabado. Alguém descobriu que trocamos a receita de Heather ou que mexi na sacola de compras de Ryan. E agora estamos fritas.

Mas, em vez disso, Angie diz:

— A farmácia foi assaltada esta noite e apontaram uma arma para a minha cabeça.

Algo perverso vem vindo por este caminho

Quase deixando o celular cair no chão, luto para mantê-lo próximo à minha orelha:

— O quêêêêê? — grito, desesperada. — Você está bem?

— Só um pouco assustada — ela responde baixinho. — Você se importa de vir aqui e me fazer companhia? — ela definitivamente está mais calma do que eu estaria no lugar dela.

— Claro que vou — digo, já me inclinando na lateral da cama de Spencer para pegar meu tênis. — Estou indo agora.

— Está tudo bem? — pergunta Spencer assim que desligo o telefone.

Se eu não estivesse desesperada neste momento, certamente acharia a preocupação dele muito fofa. Quero dizer, até agora, a única coisa que está rolando entre nós são os amassos — amassos de ótima qualidade, digamos —, mas o propósito desse relacionamento ainda não se revelou, obviamente. Mas, para mim, está tudo bem, sinceramente. Não preciso desse tipo de complicação em minha vida justo agora. Preciso ser aceita em uma universidade decente e me formar e seguir com minha vida. De qualquer forma, não tenho tempo para um namorado. Porém, a maneira com a qual Spencer está me olhando agora está, definitivamente, começando a parecer o jeito que um namorado olharia. Tipo, ele está mesmo preocupado comigo. Assim que vejo essa expressão em seus olhos, percebo o quanto senti falta disso. O quanto sinto falta de ter um cara em minha vida que se preocupe comigo o suficiente para me olhar dessa maneira.

Jogo o celular na mochila e levanto.

— É a Angie. A farmácia em que ela trabalha foi assaltada esta noite e apontaram uma arma para ela. Vou à delegacia ficar com ela.

— Que horrível. Você quer que eu vá com você?

— Não! — grito instintivamente e logo me sinto culpada pela reação tão brusca. Principalmente, por ele estar sendo tão legal comigo.

— Desculpe — digo mais brandamente. — Mas é que ainda não contei para minhas amigas sobre a gente e, se você aparecer, aí, bem, vou ter muita coisa para explicar. E não quero sobrecarregá-la justo agora.

Spencer responde afirmativamente com a cabeça.

— Você está certa. Pelo menos me deixe levar você lá.

Concordo, pois ele não vai entrar lá comigo. Somente me deixar na porta e, provavelmente, é melhor mesmo que eu não dirija nessas condições.

Quando Spencer para na frente da delegacia, viro-me para ele e digo com muita sinceridade:

— Obrigada.

— De nada.

Antes que eu me vire para sair do carro, ele coloca a mão em minha perna e diz:

— Foi muito divertido hoje à noite. Quero dizer, antes de o celular tocar.

— Eu também achei — digo apressada.

Assim que coloco a mão na porta para abri-la, vejo Jade caminhando no estacionamento, próxima à entrada.

— Droga! — grito, encolhendo-me no banco do carro.

— O que foi? — pergunta Spencer, olhando pela janela.

— Jade! Ela está andando em direção ao prédio. Você consegue vê-la?

Spencer inclina-se sobre mim para dar uma olhada.

— É, ela está quase na frente da entrada.

— Certo, fala para mim assim que ela entrar no prédio.

Minha cabeça está praticamente enterrada em meu colo, e penso que deveria ter tido mais aulas de ioga depois do retiro espiritual com minha mãe. Não acredito que meu corpo fora feito para dobrar desta maneira.

— Na verdade, ela acabou de parar na frente da porta e está com o celular na mão — relata Spencer do banco do motorista. — É, ela está falando no celular agora.

Solto um gemido alto. Esta é definitivamente a posição mais desconfortável na qual já fiquei, e não tenho certeza de quanto tempo mais consigo ficar com as pernas paralisadas assim até que se estiquem. Já estou começando a sentir câimbras.

— Ela já saiu?

Spencer balança a cabeça negativamente.

— Negativo. Ainda no celular.

— Por Deus, Jade! — penso rápido e falo: — Certo, encoste na esquina do prédio que eu vou descer lá.

Spencer dá risada e liga o carro.

— Você é quem manda, Maddy.

***

Não passam cinco minutos até que eu esteja mancando em direção à porta da delegacia com Jade, tentando alongar as pernas para, então, me dar conta de que deixei meu carro na casa do Spencer. Tipo, não tem como eu pedir para Jade me dar uma carona até lá quando voltarmos para casa. Então, minto que meus pais me deixaram na delegacia, com esperanças de que mais tarde, depois que ela me deixar em casa, eu ligue para Spencer para pedir que ele me pegue. Aí, ele me leva de volta para sua casa e posso dirigir de volta para a minha casa em *meu* próprio carro. Deus, casos secretos de amor são muito complicados.

Encontramos Angie sentada em um banco de madeira, aparentemente, superdesconfortável próximo à porta. Corro até ela e a abraço com força.

— Obrigada por virem — diz ela com a voz fraca.

— Imagina, não precisa agradecer! — diz Jade.

— Conte exatamente o que aconteceu — peço, ansiosa.

Angie respira fundo e mergulha na história: o senhor Miller estava fora, fazendo o depósito bancário da noite, e ela estava fechando a porta da frente quando a mãe de Mason apareceu implorando para deixá-la entrar, pois precisava de gaze e bandagens. Sim, a mãe de Mason! Então, Angie destrancou a porta e deixou-a entrar para pegar o que precisava, pagar e ir embora. Mas, menos de trinta segundos depois, três homens entraram na loja com armas na mão gritando para Angie colocar o dinheiro da caixa registradora dentro de um saco. Em seguida, fazem-na deitar com o rosto colado no chão.

— E a pior parte — diz Angie, encostando-se mais contra a parede — é que eles estavam com essas meias estúpidas no rosto, então, sou completamente inútil para ajudar a polícia. Tudo o que sei é que os caras que me roubaram tinham 1,80 m de altura e que um deles fedia a hambúrguer.

— Bom, é um começo — digo, tentando soar positiva.

Angie dá um sorriso fraco.

— Desculpe-me por ter arrastado você para cá. Você estava fazendo alguma coisa importante?

Desvio o olhar, pois não consigo mentir olhando diretamente para ela e digo:

— Não, nada. Só estudando.

Jade olha para mim desconfiada.

— Sábado à noite?

Vou me encolhendo no banco e murmuro:

— É, tenho uma prova difícil na segunda-feira — e agradeço intimamente quando o investigador se aproxima.

***

Aparentemente, o quase encontro de Angie com a morte não foi a única coisa ruim destinada a nos acontecer. Na segunda-feira à noite, quando chego em casa depois de passar em Spencer, meus pais estão sentados na cozinha me esperando com uma expressão severa no rosto.

— Quem morreu? — brinco enquanto abro a porta do armário e começo a procurar alguma coisa para comer.

Meu pai, com a ponta do dedo, fica dando batidinhas num envelope branco em cima da mesa, à sua frente, e me olhando como se esperasse uma resposta. Tipo, como se eu soubesse do que se trata e pudesse imediatamente dar-lhe uma explicação.

— O que é isso? — pergunto, completamente indiferente, assim que acho um pacote de salgadinho e fecho a porta do armário.

— Por que você não diz pra *nós*? — responde meu pai.

E sei, agora, que não é coisa boa.

O primeiro pensamento que vem à minha mente é a recusa de alguma universidade. Porém, sei que estamos em março e que as faculdades só começam a responder em abril. Abro o salgadinho de queijo, encho a mão e, depois, minha boca.

— Como é que vou saber o que é isso se é a primeira vez que vejo esse envelope?

Meu pai empurra o envelope em minha direção, sobre a mesa, e, assim que consigo ler, vejo que foi endereçado a mim e que está aberto, o que significa duas coisas: a) o que quer que esteja dentro é ruim e, b) o que quer que esteja dentro já foi lido por meus pais e, consequentemente, discutido longamente antes que eu tivesse conhecimento.

Coloco o pacote de salgadinho na mesa e, calmamente, tiro o conteúdo de dentro do envelope. É uma única folha de papel e a primeira coisa que vejo é uma foto tirada de mim. Sim, uma foto minha! Estou sentada no banco de motorista do meu carro, aparentemente dirigindo, pois uma mão está no volante e a outra está... ai, droga.

A outra mão está segurando meu celular. E o celular está em minha orelha.

Certo, isso não é bom. Mas que tipo de sacana fica tirando fotos minhas enquanto estou dirigindo e, depois, as manda para meus pais?

Então, leio o que está escrito acima da foto. Na parte de cima da folha está "Notificação de Infração de Trânsito". E o meu coração afunda dentro do peito.

— Eu não entendo — penso em levantar-me, mas olho para cima e vejo meu pai me encarando, seus olhos exigindo uma explicação. Ao mesmo tempo, seu olhar me diz que não existe uma explicação que vá me livrar de um castigo severo.

— É uma multa de radar fotográfico — explica minha mãe sem sinal de compaixão. — E o nome de seu pai está na multa porque o carro está registrado no nome dele.

Penso em me fazer de boba nesse ponto. Principalmente porque não tenho mesmo ideia do que ela está falando.

— Radar fotográfico?

— Tem um radar com câmera no semáforo da esquina da Rua Principal com o terceiro quarteirão, onde a foto foi tirada um mês atrás — responde meu pai.

— Você está dizendo que eles tiraram uma foto minha enquanto eu dirigia? — tento parecer aterrorizada, como se isso reforçasse toda a injustiça e violação de privacidade sofrida por mim e, assim, ganhar alguns pontos de simpatia dos dois.

— Não somente dirigindo — acrescenta minha mãe —, mas ultrapassando o sinal vermelho.

— E falando no celular — adiciona meu pai, como se batesse mais um prego em meu futuro caixão. — Daria para você explicar o motivo que fez você ser tão negligente para passar no sinal vermelho, para começo de conversa? Porque você não estava *prestando atenção.*

E, então, tudo surge em minha mente como um turbilhão. Foi logo depois que fiquei chocada com a notícia e com as provas de que Mason tinha trapaceado nos exames finais. Eu estava dirigindo em direção à casa de Angie para contar a ela e a Jade a boa notícia. A luz estranha no caminho não era do *flash* de alguma celebridade sendo fotografada por *paparazzi*. Era eu sendo fotografada pela câmera do radar por causa do sinal vermelho!

— Mas o sinal estava amarelo! — argumento, lembrando agora que pisei fundo no acelerador para passar no amarelo.

Meu pai pega a multa da minha mão e a sacode em minha frente.

— Aparentemente, não estava.

Não sei o que o está deixando mais irritado: o fato de ter passado no sinal vermelho, ou de estar falando ao celular enquanto dirigia. Na verdade, não quero fazer essa pergunta, pois sei que só vai causar uma explosão seguida de um de seus discursos que começam com: "Existem várias coisas que nos deixaram chateados, Maddy...". Então, decido ficar com a boca fechada.

— Sua mãe e eu já discutimos os castigos. Tirando o fato de que você vai pagar ambas as multas de seu próprio bolso, decidimos que a ação mais apropriada para este caso é tirar seu celular por duas semanas, ou tirar seu carro, já que você não soube usar com responsabilidade nenhum desses dois privilégios — disse meu pai.

Começo a ponderar qual dos dois eu conseguiria viver sem nas próximas duas semanas, pesando os prós e contras em minha cabeça, quando, de repente, percebo que não me foi dada a possibilidade de escolha, isto é, que eles não estão perguntando minha opinião. A decisão já foi tomada.

— Nos próximos catorze dias, você não vai dirigir — sentencia meu pai.

— Quê? — grito.

Provavelmente, eu teria escolhido ficar sem o celular se me deixassem escolher, pois poderia pegar o de Jade ou de Angie emprestado na escola e, afinal, também tem o telefone de casa. Mas tirar meu carro? Isso me deixa completamente indefesa e vulnerável. Sem contar imóvel. Como é que irei para a escola e depois voltarei para casa?

E quando formulo a questão a eles, meu pai responde tranquilamente:

— Você pode pegar o ônibus escolar.

Sinto meus olhos lacrimejarem.

— Eu não posso ir de ônibus. Só os fracassados e os calouros pegam o ônibus da escola.

— Bem, então acho que você pode pedir para Jade ou Angie darem uma carona a você — diz minha mãe.

— Jade fica até mais tarde esta semana inteira para se preparar para o teste da peça da escola e Angie trabalha depois da aula!

Mas não há um pingo de solidariedade no rosto de meu pai. Ele apenas fica ali, parado, e dá de ombros:

— Acho, então, que só sobrou o ônibus.

Que a verdade seja dita

Felizmente, preciso do ônibus apenas para voltar para casa, pois Jade passa de manhã para me dar carona e vamos juntas para a escola.

Na sexta-feira à tarde, estou no ônibus escolar quando o celular vibra em meu bolso. Atendo, e Angie, imediatamente, dispara num só fôlego a novidade de que vira seu ex-namorado voltando da escola para casa de bicicleta.

— O quê? — digo, sentindo-me bem satisfeita de saber que, pelo menos, não sou a única que teve que procurar meios alternativos de transporte nesses dias.

— Pois é — responde Angie —, o que contam por aí é que os pais de Ryan também tiraram o carro dele há pouco tempo!

— Não me diga! — exclamo enquanto me encosto para trás no banco e dobro as pernas à minha frente.

— Sim — confirma Angie —, depois de toda aquela situação do roubo da loja.

Solto uma risada gostosa.

— Isso é espetacular!

— Não só perdeu o lugar no time principal, como acabou perdendo o carro também. E por mais de algumas semanas. Eles disseram que, se Ryan quiser um carro para ele, vai ter que economizar para comprar. Portanto, ele vai andar de bicicleta por um bom tempo.

— Meu Deus, isso é sensacional.

— Com certeza isso merece ser registrado na agenda do Clube do Carma.

— Certeza! — concordo. — Vou fazer isso agora mesmo.

Depois de desligar o celular, dou uma olhada em volta para garantir que ninguém esteja olhando e tiro a agenda oficial da mochila. Abro-a e vou passando as páginas cheias de esquemas atualizados que registramos nas últimas semanas: a erupção facial de Heather, a expulsão de Ryan do time de beisebol, o artigo de jornal sobre Mason e a notícia de que os pais de Seth o estão obrigando a consultar-se com um psicólogo para lidar com sua recente obsessão por mulheres mais velhas. Quando finalmente acho uma página em branco, pego uma caneta e escrevo "Atualização nº 2 – Ryan Feldman" no topo da página. Abaixo, registro a data, seguida das últimas novidades de que Ryan está agora desprovido de uma peça muito importante da indústria automobilística.

Não que eu tenha cacife para julgá-lo ou coisa parecida. Quero dizer, estou escrevendo essas atualizações enquanto volto para casa em um ônibus escolar. Mas há uma diferença entre mim e Ryan. Ele é um canalha egoísta e cruel que partiu o coração de Angie e, dessa maneira, merece tudo o que está acontecendo com ele. Digo, seu desequilíbrio universal é épico. Catastrófico. E eu só estou tentando reequilibrar tudo. Estou fazendo um favor ao universo. E, nesse processo, caí em uma pequena onda de má sorte. Só isso.

Estou acabando de escrever as atualizações quando o celular toca novamente. Desta vez é Spencer. Não consigo deixar de sentir as borboletas no estômago quando leio o nome dele no identificador de chamadas. Sei que combinamos só curtir e que ele não é meu namorado, mas não adianta, eu fico sempre um pouco ansiosa quando ele liga.

Fecho a agenda e coloco-a no banco ao meu lado. Então, atendo o telefone.

— E aí, fofinha? — a voz de Spencer sai pelo celular e posso sentir meu coração quase derretendo dentro do peito.

Ele faz isso, às vezes. Chama-me de "fofinha". E não vou mentir, eu simplesmente amo quando ele faz isso. Qual garota não gostaria? Mas, não se preocupe, estou sendo totalmente responsável com tudo isso. Pois, todas as vezes em que ele faz isso, silenciosamente recomendo a mim mesma não ficar animada. Estou totalmente no controle. Afinal de contas, já vi o que esse cara é capaz de fazer com suas namoradas. E não tenho certeza de que posso lidar com outra humilhação pública este ano.

— Olá — respondo. — Estou indo para casa.

— Quer sair comigo?

Certo, essa é uma pergunta do tipo que você não quer pensar muito antes de responder, então não penso. Somente digo:

— Claro — mesmo sabendo que o que quero mesmo dizer é: "Óbvio! Com certeza! Sem sombra de dúvidas! Onde eu assino?".

— Legal. Estou saindo de casa agora. Eu passo para pegar você em casa em dez minutos, o que acha?

— Certo — digo. — Vejo você lá, então — e, então, desligo sem ter confirmado quanto tempo ainda vai levar até o ônibus chegar em casa.

Porque, pelo visto, a pergunta "Eu passo para pegar você em casa em dez minutos, o que acha?" também me impede de pensar antes de dar a resposta. Se eu não conseguir chegar antes de Spencer, certamente ele me verá saindo do ônibus, e não existe nada mais brochante que ver a menina que você está prestes a beijar a tarde inteira saindo de um ônibus escolar amarelo cheio de alunos calouros de sorriso metálico.

Rapidamente, tiro o celular do bolso e ligo para Spencer, mas ele não atende.

Droga! Ok, eu só tenho que ser esperta. Se Spencer estiver me esperando na frente da entrada de minha casa quando o ônibus chegar, só preciso pedir ao motorista para me deixar no próximo ponto. Aí eu volto correndo até em casa e falo para Spencer que estava fazendo *jogging*. Correr tipo *jogging* é *sexy*, não é? É atlético e tipo esportista, e essas coisas.

Mas por que eu estaria correndo com as roupas que fui para o colégio? E por que com a mochila? Eu não faria isso. Certo, essa desculpa está definitivamente descartada.

Infelizmente, não tenho muito tempo para pensar em alternativas, pois, assim que me dou conta, o ônibus já está chegando e posso ver o conversível de Spencer indo bem à nossa frente.

O motorista para o ônibus no mesmo momento em que Spencer estaciona o carro na entrada. Abaixo-me o máximo que consigo para que Spencer não me veja pelo retrovisor. O motorista me olha com uma expressão estranha, mas não me importo nem um pouco neste momento. Se eu tivesse que escolher entre impressionar o motorista do ônibus escolar e impressionar Spencer Cooper, perdoe-me, mas acho que vou escolher Spencer todas as vezes.

As portas se fecham atrás de mim e fico abaixada atrás de um arbusto. Não dá para aparecer na frente do carro dele, vindo direto dos arbustos. Isso seria muito óbvio. Então, espero uns bons cinco minutos e meio e casualmente caminho como se estivesse passeando, até a janela de seu carro, do lado do motorista.

— Oi — digo da forma mais casual que consigo com um tom de voz tipo "hiper-relax passeando à toa por aí".

Spencer leva um susto rápido assim que ouve minha voz.

— Oi. Não vi você saindo de casa. Você estava no ônibus?

Solto uma risada nervosa (que, por uma infelicidade, sai muito alta) e jogo o cabelo para trás.

— Deus, claro que não — e solto um muxoxo tipo fazendo pouco caso. Digo, em seguida: — Quero dizer, quem vai para o colégio no ônibus escolar com minha idade? Só estava caminhando. Você sabe, pegando as cartas do correio e coisas assim.

Spencer olha para mim com uma expressão divertida e aponta para a caixa de correio ao lado da porta da frente da minha casa.

— Aquela ali não é sua caixa de correio?

É claro, minha caixa de correio está na frente da porta. Coloco a mão em minha orelha, num gesto de nervosismo.

— Ééé meeesmo — digo lentamente, estendendo as palavras numa tentativa de ganhar mais tempo. — É verdade. Mas você sabe... é... às vezes, o carteiro entrega as cartas no vizinho e a minha mãe me manda dar uma olhada. É. É isso que eu estava fazendo.

Boa saída! Parece que essa história de mentir melhora com a prática.

— Ok — responde Spencer. — Você não vai entrar no carro?

Concordo com a cabeça e abro a porta do passageiro, jogando minha mochila no banco de trás.

— Seus pais estão em casa?

Spencer balança a cabeça em negativa e liga o carro, afastando-se da entrada de casa.

— Não, mas acho que a gente deveria ir a algum lugar para comer. Tipo, como um encontro de verdade.

Um bolo se forma em minha garganta e faço o possível para engoli-lo.

— Um encontro? Tipo em público, para todo mundo ver?

Ele olha de volta para mim e abre um sorriso largo.

— É. Tudo o que a gente faz é ficar se beijando. Você não tem vontade de sair e conversar ou algo parecido?

Não. Na verdade, não.

— É que não estou hiperfaminta — respondo rápido. — Vamos direto para sua casa mesmo.

Admito que havia mais urgência do que eu gostaria em minha voz. Sei que Spencer também percebeu, pois ele me olhou do tipo "não engoli essa história de não estar com fome" e diz:

— Sinceramente, Maddy, qual é o problema de as pessoas verem nós dois juntos?

Começo a mordiscar a ponta do meu dedo, uma coisa que faço sempre que estou desconfortável ou nervosa. O que queria mesmo falar para ele é que tenho medo. Medo de me aproximar demais. Medo de que ele escreva alguma coisa de mim na porta do armário da escola. Mas principalmente... Tenho medo daquele sentimento. Daquela sensação de desespero profundo e incomensurável do meu coração partido. A mesma que senti no momento em que me deparei com Mason e Heather na festa do *loft*. E em todos os momentos depois disso.

A mesma sensação que, algumas vezes, ainda sinto quando estou deitada à noite na minha cama.

Mas não falo para ele nada disso. Não posso. Em vez disso, dou de ombros e digo:

— Tipo, não é um problema.

— Claro que é! Você insiste em manter tudo em segredo e se recusa até a ser vista em minha companhia.

Não falo nada. Na verdade, não saberia o que dizer se pudesse, então apenas fico sentada ali e não digo nada.

Spencer continua dirigindo.

— Olha, Maddy — diz ele com a expressão completamente séria. — Eu gosto de você. Quero passar mais tempo com você. Mas, obviamente, você tem restrições sobre a gente ficar junto.

A gente? Tipo ele e eu? Tipo namorado–namorada? Não. Não, não, não, não, não, NÃO.

— É por causa do Mason? — pergunta ele de repente.

Viro a cabeça para o outro lado e fico olhando pela janela. Não entendo o porquê de não podermos simplesmente ir para a casa dele, beijar por algumas horas e ficar só nisso. Por que ele não pode ficar satisfeito com isso? Digo, qual é o problema desse cara? Não era para ser o sonho de qualquer cara? Ficar com alguém sem compromisso? Sem complicações?

Sem escrever nada no armário da escola?!

Spencer coloca a mão na minha perna. Sinto-me bem com esse gesto, mesmo sem olhar no rosto dele.

— Maddy? — diz ele com suavidade. — Eu jamais faria com você o que Mason fez.

Não consigo me controlar mais. A decepção está fervendo dentro de mim. Não dá para aguentar essa cena do tipo sou o cara bonzinho e "mais-santo-que-o-Mason" nem mais um segundo. Então, olho bem nos olhos dele e digo:

— Não, você só escreveria alguma coisa com *spray* vermelho em meu armário e resolveria isso.

Spencer é totalmente pego de surpresa. Ele até para o carro na rua mais próxima e puxa o freio de mão. Olha para mim, a luz do sol vespertino direto em seu rosto, inflamando entre nós.

— Você realmente acha que eu escrevi aquelas coisas horríveis no armário de Jenna?

Ok, ele ficou irritado. Posso garantir. Talvez jogar isso na cara dele não tenha sido uma boa ideia. Mas dane-se. Também estou irritada. E tenho o direito de ficar. Então olho para ele com uma expressão de quem espera uma resposta:

— Você não escreveu?

Spencer abaixa a cabeça como se estivesse envergonhado, e sei que acabei de colocá-lo contra a parede. Ele vai ter que pôr tudo para fora. Vai ter que admitir que não é esse cara tão bacana no final das contas. E que eu estava certa em ter restrições em ficar com ele.

Então, ele responde com toda a franqueza:

— Não, eu não escrevi.

— É, certo — não escondo o fato de não acreditar nele.

Spencer não responde. Simplesmente balança a cabeça e fala:

— É por isso que odeio o Ensino Médio.

Isso soou muito misterioso se você quer saber. Sem mencionar totalmente evasivo. Então vou direto ao ponto e pergunto:

— Você está me dizendo que não escreveu nada com *spray* no armário da Jenna depois que ela tentou terminar o namoro?

— Não! — diz Spencer em um tom exasperado. — E ela também não tentou terminar comigo. Eu terminei o namoro com ela.

Cerro as sobrancelhas, confusa:

— Você terminou?

Spencer concorda com a cabeça e posso dizer pela sua expressão magoada que ele está dizendo a verdade.

— Você não pode acreditar em tudo o que Heather Campbell joga na máquina de fofoca, Maddy.

— Então, quem foi que escreveu aquilo? — pergunto imediatamente.

— Não faço a menor ideia. Se eu tivesse que dar um palpite, apostaria na própria Jenna.

— Ok, isso seria ridículo — falo em seguida, sem nem pensar antes. — Por que Jenna escreveria algo como aquilo no próprio armário?

Spencer joga as mãos para cima.

— Não sei, mas faria todo sentido.

Minha cabeça começa a girar de confusão.

— Por que isso faria sentido neste mundo?

— Pensa um pouco, Maddy. A última coisa que Jenna iria querer é que as pessoas soubessem que terminei com ela. Ela é obcecada por coisas assim. Todos eles são.

Alguma coisa na maneira como ele pronunciou a palavra "eles" me deixou perturbada. Como se eles fossem parte de um grupo alternativo ao qual ele não pertencia. Digo, eu sei que Spencer é diferente de Jenna e Heather, mas acho que nunca o separei totalmente desse grupo. Mesmo depois que começamos a ficar. Em minha cabeça, e penso que na cabeça de todo mundo, o nome Spencer Cooper tem uma associação automática com o clique da popularidade.

Reflito sobre a lógica dele. Depois de um tempinho, não parece mais tão maluca como no começo.

— Deixe eu entender isso direito. Se ela escrevesse aquelas coisas no próprio armário, isso faria a versão dela da história ter mais credibilidade?

Spencer dá de ombros.

— Acho que sim. Não sei. Essa história é tão doentia que mal consigo acompanhar. É assim que ela pensa.

Surpreendentemente, *eu* consigo acompanhar esse raciocínio. Talvez seja porque também sou uma garota. Ou, talvez, porque passei a melhor parte de minha vida escolar analisando, de longe, Heather Campbell e seu séquito. Uma coisa que sei com certeza é que o alívio que sinto bem agora é indescritível. Tento me segurar para não pular no colo de Spencer e abraçá-lo com força.

Mas, tão certo quanto ele esteve nesses últimos dez minutos, ainda estou guardando este último segredo gigante: o verdadeiro motivo pelo qual não posso contar para Jade e Angie sobre nós. Então, falo para ele que acho que ainda estou chateada por causa da história de Mason e que por isso não me sinto preparada para contarmos para as pessoas sobre nosso "relacionamento" neste momento.

Ele parece compreender ou, caso contrário, agiu como se tivesse entendido. Então, vamos para sua casa. Mas não fazemos o de sempre. Isto é, ir direto para seu quarto para nos beijar. Na verdade, quase não nos beijamos. Em vez disso, nos enrolamos no sofá da sala de TV do andar de cima e assistimos a um filme em uma das várias TVs de tela plana gigante que pertencem à família Cooper. E tenho que confessar que é muito melhor que apenas ficar beijando.

CUIDADO COM O *CHILI* DE PERU

Na segunda-feira seguinte, estou sentada na plateia do anfiteatro da escola esperando começarem os testes para a peça *Mulherzinhas*, escrita por Louisa May Alcott. Obviamente, não sou eu quem vai fazer o teste. Sobretudo depois da *performance* "só estou pegando as cartas na casa do vizinho" de sexta-feira. Jade é que está disputando o papel principal. É um passo muito importante para ela. Pois, se ela conseguir esse papel, existe uma grande chance de ganhar uma bolsa de estudos no programa de artes dramáticas na Universidade da Califórnia, a UCLA. Disse-lhe que viria ver o teste para dar um apoio moral. Ainda mais porque me sinto bem culpada ultimamente com toda essa mentira que venho contando sobre as vezes em que estou com Spencer. Então, estou apenas tentando aliviar parcialmente minha culpa.

É um pouco estranho que Spencer e eu sejamos tipo um casal agora. Eu o fiz jurar que ainda vamos manter o segredo por mais algumas semanas. E aí, depois disso, não sei como vai ficar.

O que eu sei é que, a cada dia que não conto para minhas amigas sobre ele, sinto como se estivesse cavando um buraco mais e mais fundo e ficasse dentro dele. Pois, quando eu finalmente contar a elas, vai ter sido mais um dia em que menti. Uma traição em cima de mais traição. Mas *não* posso contar a elas. Elas não vão entender. Nem eu sei se já entendo o que está acontecendo.

O senhor Kent, coordenador do departamento de artes dramáticas, sobe ao palco e agradece a presença de todos. Dou uma olhada pelo auditório para ver se encontro Jade, mas não a vejo em lugar algum. Acho que ela deve estar escondida nos bastidores, repassando as falas uma última vez antes da hora de entrar.

Depois que o senhor Kent pede a todas as alunas que farão o teste para o papel de Jo que se sentem na primeira fila da plateia, para que ele possa chamá-las uma de cada vez, percebo que tem alguma coisa errada ali. Jade não está entre elas.

Envio uma mensagem de texto, mas ela não responde. Então, decido ir atrás dela.

Primeiro, vou até a sala de aula, pensando que talvez ela tenha se distraído no meio de uma conversa com algum professor e perdido a noção da hora. Mas a sala está vazia. Depois, vou até o corredor em direção ao seu armário. Nada. A cada minuto que passa, vou ficando mais preocupada. Se ela não aparecer naquele auditório nos próximos trinta minutos, pode dar adeus ao papel. Sem nem precisar falar da chance de bolsa na UCLA. Não é do feitio de Jade agir com irresponsabilidade ou descuido. Sobretudo quando se trata de algo tão importante para ela.

Volto ao auditório e dou uma espiada para ver se ela apareceu no último minuto, mas não há sinal dela.

Certo, agora estou muito preocupada. Quero dizer, e se alguma coisa realmente horrível aconteceu com ela? E se ela levou um tombo nas escadas, bateu a cabeça e ficou inconsciente até levarem-na para o hospital em uma ambulância? Ou talvez ela tenha sido sequestrada! Ela devia estar indo para o auditório e alguém apareceu do nada, colocou um saco na cabeça dela e a jogou dentro de uma *van*!

Tenho que me controlar, sinto-me muito alterada agora e estou começando a entrar em pânico. Olho desamparada na direção do primeiro andar, decidindo o que fazer quando vejo duas meninas saindo do banheiro, e uma delas diz:

— Por Deus, isso é muito nojento. Fala sério, se você quer ser bulímica e vomitar até as tripas, não vai fazer isso na escola, onde todo mundo pode ouvir, não é?

E, neste momento, sei que Jade está lá dentro.

Corro para dentro do banheiro e checo embaixo de todas as portas. Na última delas, coincidentemente na mesma em que ouvi a história do *spray* no armário de Jenna, vejo as costas de Jade. Ela está de joelhos no chão, de frente para a privada. Está vomitando.

Isso é curioso. Nunca imaginei que Jade fosse do tipo que entra em pânico antes de subir ao palco. Ela é sempre tão confiante e serena quando encena.

— Jade? — pergunto, batendo levemente na porta.

— Maddy? É você? — chama ela do outro lado da porta.

E, pelo tom de sua voz, parece que ela estava me esperando durante a vida toda para encontrá-la.

Ouço um som como se ela estivesse se arrastando, e então a porta é destrancada. Empurro-a para abrir e entro, fechando-a atrás de mim. Jade ainda está no chão, com os joelhos encostados no queixo. Para ser honesta, ela está com uma aparência péssima. Mas não comento isso. A pior coisa que você pode fazer quando alguém está doente é dizer-lhe que ele ou ela parece doente. Então, em vez disso, digo:

— O que aconteceu? Você está nervosa?

Jade balança a cabeça e posso ver o suor escorrendo por sua testa.

— Não, eu não sei o que está acontecendo. Comecei a passar mal na última aula. Então, falei com o professor e ele me deu a autorização para sair. Vim correndo para o banheiro, já vomitando. Não saí daqui desde então.

Olho para baixo e vejo que a autorização do Senhor McCauley virou uma proteção para Jade não se sentar diretamente no chão do banheiro.

— Será que foi alguma coisa que você comeu? — pergunto, abaixando-me para puxar seu cabelo para trás, pois estava colado na testa.

Ela reflete sobre a pergunta.

— Acho que pode ser isso. Não me lembro de ter passado tão mal assim antes.

— Talvez tenha sido uma sabotagem. Talvez uma das meninas que também vai concorrer ao papel tenha envenenado você! — minha mente se acelera com as possibilidades de uma conspiração.

Jade balança a cabeça.

— Não pode ser. Digo, ninguém me deu nada para comer. Só pedi na cantina o chili de peru de sempre.

E assim, depois de ouvir a própria voz dizendo as palavras "*chili*" e "peru", os olhos de Jade ficam arregalados, ela cobre a boca com a mão e vira-se na direção da privada. Eu olho para o outro lado. Menos para dar privacidade a ela e mais para não ter que me juntar à sessão de vômito na privada ao lado.

Tive uma intoxicação alimentar no ano passado e sei, por experiência própria, que a imagem mental daquilo que deixou a pessoa doente provoca outra onda de náusea. Isso significa que o *chili* de peru de Jade é, definitivamente, o culpado. Mas por que alguém envenenaria o *chili*? Ou talvez não estivesse envenenado. Talvez tenha sido feito com uma carne podre hoje. Não me surpreenderia com todas aquelas coisas suspeitas na cozinha da cantina. Na verdade, o que me deixa surpresa é Jade se arriscar comendo a comida de lá.

Ela puxa as pernas na posição de antes e descansa a cabeça no joelho. Ela parece que vai desmaiar a qualquer momento, e fico pensando se devo chamar uma ambulância ou algo do tipo.

— Você se lembra de alguma coisa diferente hoje no... é... você sabe o que quero dizer? — pergunto, evitando pronunciar a palavra com "c".

Jade faz que não com a cabeça.

— Não, estava normal. Mas, tipo, eu não fico inspecionando minha comida antes de comer.

Procuro em minha mente um motivo possível para tudo isso.

— Tinha uma mulher nova trabalhando na lanchonete — diz Jade —, mas duvido que tenha alguma coisa a ver com isso.

— Acho que você nunca vai saber. Se ela era nova, pode ser que não soubesse o que estava fazendo. Talvez tenha preparado a comida de forma errada.

Vejo lágrimas rolarem dos olhos de Jade. Sei que ela não está chorando por causa do *chili*.

— Você acha que ainda dá para fazer o teste? — pergunto, esperançosa. — Tenho certeza de que, se você entrar escondidinha lá dentro, agora, o senhor Kent nem vai perceber.

Jade limpa o nariz na calça *jeans*.

— Não. Não dá. Vomitei a cada três minutos na última hora. E o teste é um monólogo de quatro minutos.

Logo depois, tomo a decisão de ligar para a mãe de Jade, e ela vem buscá-la. Jade é diagnosticada com um caso comum de intoxicação alimentar, e a única coisa que se pode fazer, nesses casos, é deixar que seu corpo ponha para fora todos os resquícios que ainda estão no organismo. Às vezes, pode levar algumas horas, às vezes, alguns dias.

Jade não fala no caminho para casa. Ela vai sentada no banco da frente com um saco plástico que sua mãe trouxe para o caso de ela passar mal dentro do carro. Ela fica olhando pela janela. Tenho certeza de que está pensando na UCLA e em como aquele prato idiota de *chili* provavelmente arruinou suas chances de entrar lá.

A mãe dela me deixa em casa, e prometo a Jade que vou ligar mais tarde para saber se ela está melhor. Quando entro em casa, vejo que, estranhamente, não há ninguém. Olho o relógio. São quatro horas da tarde. Nesse horário, quase sempre tem alguém em casa. Emily, minha mãe ou até a empregada. Porém, está um silêncio total. Como se uma evacuação de emergência fosse ordenada, mas sem que ninguém tivesse me avisado.

Procuro uma pista do paradeiro da minha família pela casa, mas não encontro nada. Nem mesmo um bilhete colado na geladeira.

Encho uma tigela de cereais e sento-me no sofá. Coloco os pés em cima da mesinha de centro e ligo a TV. Não é todo dia que tenho a casa só para mim, então acho melhor aproveitar o máximo disso tudo.

Mal coloco a colher com cereais na boca e o telefone toca. Por um minuto, penso em não atender, pois nunca é para mim. Minhas amigas sempre me ligam no celular. Mas, devido ao desaparecimento incomum do pessoal aqui, decido atender.

— Alô? — digo depois de engolir o cereal que ainda tinha na boca.

— Maddy? É seu pai.

— Oi, pai — digo, inclinando-me relaxada para trás. — Se você está procurando a mamãe, ela não está em casa. Não tem ninguém aqui. É bem esquisito isso, na verdade.

— Maddy — diz ele novamente e, agora, percebo uma urgência no tom de sua voz que faz meu coração disparar.

— Pode falar — digo cautelosamente.

— Ouça — começa ele com a voz nervosa. — Preciso que você venha aqui ao hospital.

Ai, não. Não pode ser um desses telefonemas. O que pode ter acontecido agora? Primeiro Angie me liga de uma delegacia, e agora meu pai está ligando de um hospital?

— Por quê? — dou um pulo do sofá, quase jogando a tigela longe. — O que aconteceu? É a mamãe? Ela está bem?

— Sua mãe está bem — garante meu pai.

Solto um suspiro alto. Obrigada, meu Deus. Mas então pergunto:

— Quem está no hospital?

A resposta quase me derruba no chão.

— Sua irmã sofreu um acidente.

Meu próprio programa policial de TV

Certo, tudo isso simplesmente não acontece com o mesmo grupo de pessoas na mesma semana. Um matemático diria que não é estatisticamente possível. Primeiro, Angie fica nas mãos de um monte de caras com máscara de bandido, depois, Jade tem uma intoxicação alimentar e perde o teste para a peça e, agora, minha irmãzinha está no hospital com uma perna quebrada.

Felizmente, foi só uma perna quebrada. Ela foi atropelada por um garoto em uma bicicleta depois que saiu da escola. Depois do acontecido, o garoto se mandou. Nem mesmo parou para ajudá-la. Como pode isso ser tão ridículo? Sério, como é possível? Um atropelamento de bicicleta seguido de omissão de socorro?

Quais são as chances de essas coisas acontecerem em tão poucos dias de diferença uma das outras? Não muito grandes, posso afirmar. É como se esses acontecimentos estivessem formando um turbilhão incontrolável de desgraças, e eu sem ter a menor ideia do que ou de *quem* será o próximo. Serei eu? Entrarei em combustão de repente e sem nenhuma explicação? Ou será que o chão se abrirá abaixo de mim e cairei no centro da terra fervente e flamejante?

A primeira coisa que decido fazer na terça-feira de manhã é investigar. Tenho que encontrar uma razão para tudo isso estar acontecendo conosco. Pois a única explicação lógica é que alguém descobriu sobre o Clube do Carma e partiu para a própria vingança contra nós.

O primeiro passo é entrevistar a nova funcionária da cantina da escola. Aquela de que Jade se lembrou de servir o *chili* que a deixou doente ontem. Enquanto caminho em direção à cantina, vou fazendo uma lista mental dos suspeitos e suas possíveis motivações.

SUSPEITO Nº 1: Heather Campbell – De alguma forma, ela descobriu que seu creme para acne fora substituído por manteiga e ligou o crime a nós e, assim, decidiu dar início a uma série de cruéis armações vingativas.

SUSPEITO Nº 2: Mason Brooks – Depois de pesquisar o nome Catherine Linton, descobriu que se trata da personagem de um de meus livros preferidos e, então, seguiu as pistas do escândalo, incluindo a denúncia da trapaça nos exames finais, e chegou até mim.

SUSPEITO Nº 3: Ryan Feldman – Com a ajuda da terapia de hipnose, lembrou-se de ter me visto, pelo canto dos olhos, agindo de maneira suspeita próxima às araras de sutiãs na loja Eve's Closet e, dessa maneira, conectou o roubo à sua ex-namorada Angie e a mim.

SUSPEITO Nº 4: Seth Taylor – Após perseguir uma das mulheres que queriam desesperadamente dormir com ele, amarrou-a em uma cadeira e usou aparelhos de tortura para fazê-la confessar que o encontrou por meio de um *site* de encontros na *internet*. Depois, contratou um desses gênios da informática que trabalham para a CIA para rastrear o endereço de *e-mail* usado em seu perfil, conectando-o, assim, ao computador de alta velocidade do pai de Jade.

Claro que alguns desses contextos são mais plausíveis que outros, mas estou determinada a chegar à base disso tudo. Se alguém descobriu sobre nós, terá que ser impedido. Não é que eu vá providenciar sapatos de cimento para a pessoa e depois jogá-la na baía de São Francisco ou algo parecido. É mais provável que eu me encontre com ela para termos uma conversa racional e para eu tentar convencê-la a parar.

Quando chego à cantina, não percebo nada fora do normal. As mesmas mulheres do horário de intervalo parecem estar ocupadas com seu serviço, servindo hambúrgueres, macarrão com queijo e aquele taco de carne com aparência muito suspeita. Pego uma bandeja da pilha no balcão e sigo pelo caminho da fila. A intenção é me misturar e fingir que sou apenas mais uma cliente faminta tentando decidir, dentre as deliciosas iguarias, qual pedirei hoje. Durante todo o momento, fico olhando para a cozinha para ver se encontro alguém novo que esteja trabalhando lá. Mas, falando sério, como diabos posso saber quem é novo ali? Tipo, eu nem frequento regularmente este lugar. Sempre trago meu almoço. E, depois de cheirar o macarrão com queijo na minha frente, consigo me lembrar do motivo.

Decido, então, uma abordagem mais direta.

— Olá — falo para a mulher à minha frente que está impaciente esperando que eu decida logo o que vou pedir. — O que aconteceu com a moça nova que estava aqui ontem?

A mulher me encara com uma expressão vazia e, por um momento, acho que ela não vai me responder, mas, então, ela diz:

— Despediram-na.

Pisco os olhos com força sem acreditar:

— Como?

— Ela se atrapalhou toda com uma das fornadas de *chili* logo no primeiro dia. Alguns dos alunos passaram mal, aí tivemos que mandá-la embora.

Bem, aí está. Localizamos a culpada. Mas essa informação não é completamente útil, já que não conecta a intoxicação alimentar a nenhum de meus suspeitos. Tento pensar no que os detetives dessas séries de TV sobre crimes fariam agora. Eles definitivamente fariam mais perguntas. Então, é isso que decido fazer.

— Hummm — digo, curiosa, observando minuciosamente as opções de almoço. — Parece que tudo está gostoso, é difícil escolher.

A mulher claramente não dá bola para meu jeito meio palhaça.

— Bem, escolha logo. Você está segurando a fila.

Concordo com a cabeça.

— O macarrão com queijo parece promissor. Você se lembra de alguma coisa sobre a mulher que foi demitida ontem?

A mulher me lança um olhar bem estranho, tipo considerando se sou uma dessas alunas especiais que ela foi treinada a tratar com mais paciência e compreensão. Acho que isso acabou me dando uma vantagem, pois ela diz, em seguida:

— O nome dela era Leanne alguma coisa. Ela só queria trabalhar aqui uma vez por semana, pois já tinha outro emprego. Era aeromoça, acho.

Franzo a sobrancelha e digo:

— Você disse Leanne?

— Disse. Agora você vai fazer o pedido ou vai ficar parada aí fazendo mais perguntas?

Estou totalmente voltada aos meus pensamentos para decidir sobre comida agora. Então, murmuro alguma coisa tipo "Não, obrigada" e saio da fila, deixando a bandeja vazia no balcão de metal.

Tem alguma coisa muito familiar com esse nome, Leanne, mas não consigo saber o quê. Tipo, não é que eu conheça várias aeromoças.

Fico forçando minha mente e tenho esperanças de que o próximo passo dessa investigação será mais frutífero. O próximo local que decido ir é a casa de Mason. Eu sei, já sei que parece uma ação suicida. Mas preciso falar com a mãe dele e perguntar se acaso ela se lembra de alguma coisa na noite em que esteve na farmácia Miller. Digo, de acordo com Angie, aqueles caras de máscara entraram apenas alguns segundos depois que ela saiu. Talvez a senhora Brooks possa dizer algo útil para eu aplicar ao *meu* caso e que não faça, necessariamente, nenhuma diferença para a investigação da polícia.

E, ainda, escolho um horário em que sei que Mason estará no treino de futebol. Uma vez que ele é um dos principais suspeitos, é importante que eu entreviste sua mãe sem a presença dele.

Depois da escola, volto de ônibus para casa e pego minha bicicleta na garagem. É absolutamente humilhante que eu tenha que recorrer a ela, mas ainda resta uma semana da minha provação sem o carro. Jade ainda está doente em casa, e os pais de Angie a estão levando e buscando na escola depois do assalto. E não dá para eu pedir a Spencer uma carona. Já tive que mentir hoje cedo para ele não me acompanhar até em casa.

Enquanto pedalo rua abaixo em direção à casa de Mason, não consigo evitar pensar no fato de que, nas duas últimas semanas, tudo o que tenho feito é mentir para as pessoas mais importantes da minha vida. Minto para Jade e Angie desde que comecei a ficar com Spencer. E agora estou mentindo para ele também. Mas é tudo para o bem, não é? Se Angie e Jade descobrissem sobre Spencer, ficariam arrasadas. E, se Spencer descobrir sobre o Clube do Carma, ele, muito provavelmente, terminaria comigo. Então, realmente, quais alternativas eu tenho?

Assim que chego à casa de Mason, respiro fundo, para adquirir forças, e toco a campainha. Fico parada no tapete escrito "Bem-vindo", lugar em que já estive milhares de vezes nos últimos dois anos e percebo que ficar aqui está sendo mais difícil do que eu imaginava. Olhar para a porta de Mason traz muitas memórias que eu preferiria que ficassem guardadas em uma caixa no fundo de minha mente. Fecho os olhos e ordeno a mim mesma para ser forte. Isso é muito mais importante que eu ou meu orgulho. Preciso descobrir o motivo por que essas coisas horríveis estão acontecendo com minhas amigas e minha família.

A senhora Brooks abre a porta com um sorriso largo e amável que, imediatamente, faz que eu me sinta bem.

— Maddy! Que bom ver você de novo. Entre, por favor — e segura a porta aberta para mim, mas hesito na frente dela.

Acho que não devo entrar. Não depois de tudo o que aconteceu. Ficar olhando para a porta de Mason já foi muito difícil. A ideia de rever seu sofá, sua TV, sua mesa de jantar e todo o resto é demais para pensar nisso agora.

— Na verdade, vou ficar aqui fora mesmo se a senhora não se importar — digo a ela.

Ela parece compreender e concorda com a cabeça.

— Eu queria perguntar à senhora umas coisas sobre a noite em que a Farmácia Miller foi roubada.

A senhora Brooks instantaneamente faz uma expressão de dor.

— Que horrível, não é? Como Angela está? Está muito chateada?

— Ela está melhor. Um pouco abatida.

— Não pude acreditar quando a polícia veio aqui e me disse o que havia acontecido. Foi um choque tão grande para mim, porque não vi ninguém no estacionamento quando fui embora — diz ela.

Meu coração afunda ao ouvir isso, mas me obrigo a perguntar:

— Então a senhora não viu ninguém?

Ela balança a caneca negativamente.

— Não, quem me dera. Gostaria de ter podido ajudar mais. Mas corri de volta para o carro e fui embora. Estava tão preocupada em chegar logo para poder trazer a gaze que comprei para Mason. Ele estava sangrando muito.

Assim que ela diz essas palavras, meus ouvidos ficam aguçados, e meus olhos, arregalados:

— A senhora estava comprando gaze para Mason? — não sei por que não soube disso antes. Alguém mencionou isso? Será que Angie sabia?

— Sim, ele cortou a mão quando estava limpando a garagem. Estávamos sem gaze, então corri para comprar — diz a senhora Brooks.

Agora estou completamente confusa.

— Por que Mason estava limpando a garagem num sábado à noite? Ele não estava na festa do *loft*...? — minha voz vai perdendo a intensidade quando acabo de me dar conta de uma coisa. É óbvio que ele estava em casa no sábado à noite. Heather deu um fora nele, então ele jamais entraria na festa do *loft* depois disso. Ela garantiria que não.

— Maddy, você está bem? — pergunta a senhora Brooks colocando a mão em meu ombro.

Claro que ela está se referindo ao fato de eu estar parada aqui com a boca aberta parecendo que estou prestes a ser atropelada por um ônibus.

Pisco, rapidamente.

— Sim, sim, eu estou bem. É que lembrei que tenho que fazer uma coisa. Obrigada pelo seu tempo, senhora Brooks.

Com isso, viro-me, pego minha bicicleta e pedalo furiosamente em direção ao Hospital Memorial Vale do Pinheiro.

Minha mente fica acelerada durante todo o caminho. Tenho um milhão de pensamentos sem ter tempo para compreender todos eles.

Quando chego ao hospital, prendo a bicicleta na entrada, corro porta adentro e chamo o elevador. Chego ao quarto de Emily dois minutos depois, completamente sem fôlego.

— Maddy? — minha mãe levanta-se num salto quando me vê. — Você está bem?

Não respondo. Em vez disso, viro-me para Emily e digo:

— Você tem que se lembrar da pessoa que atropelou você. Quem era? Parecia-se com quem? Você tem que se lembrar de alguma coisa.

Emily me olha como se eu fosse completamente maluca, e talvez eu estivesse mesmo.

— Já disse para todo mundo que não sei — diz ela confusa. — Incluindo você, quando veio aqui ontem à noite. Atropelaram-me por trás, não deu para ver nada.

— Você tem que ter visto um sapato, um braço, alguma coisa! — estou bem ciente do tom de desespero em minha voz, mas não me importo.

— Madison — diz minha mãe com um tom de aviso. — Pare de incomodar sua irmã. Além disso, não importa mais o que ela viu ou não. Já sabemos quem a atropelou.

Prendo a respiração.

— Você sabe?

— Sei — diz minha mãe —, ele se entregou, confessou tudo uma hora atrás. Foi um acidente horrível, e ele se sentiu péssimo quando aconteceu. A família dele já se comprometeu a pagar as contas do hospital.

— Bom, quem é então? — pergunto, mesmo com medo de ouvir a resposta.

— Na verdade, você até o conhece — responde minha mãe. — É aquele rapaz que Angie namorava. Ryan Feldman.

O Efeito Borboleta

Vou cambaleando para trás até que minhas pernas se encostam a uma cadeira, e despenco nela.

Ryan Feldman. Ryan Feldman atropelou a minha irmã com a bicicleta. Ryan Feldman não estaria andando de bicicleta se seus pais não o tivessem proibido de dirigir. E sei exatamente o *motivo* da proibição.

O Clube do Carma.

E o que podemos dizer sobre Mason Brooks? Ele estava em casa no sábado à noite. Ele machucou a mão enquanto limpava a garagem. Sua mãe implorou a Angie que abrisse a porta da farmácia, que já estava fechada, para comprar gaze. E, uma vez que a porta estava aberta, três homens entraram armados e obrigaram Angie a esvaziar a caixa registradora. Mas Mason só estava em casa no sábado à noite por uma razão.

O Clube do Carma.

Isso não está acontecendo. Isso é um pesadelo.

Minha mãe me pergunta insistentemente se estou bem e por que estou tão pálida, mas não respondo. Invento uma desculpa qualquer sobre a lição de casa que preciso terminar e corro em direção à saída. Pulo em minha bicicleta e saio em disparada em outra maratona, tipo triatlo, para a casa de Jade.

Quando irrompo no quarto dela dez minutos depois, toda suada e sem fôlego, digo:

— Você conhece alguma aeromoça chamada Leanne?

Jade está sentada na cama, assistindo à TV e mastigando pedaços de gelo de um copo. Olha-me de cima a baixo, reparando em meu estado e lança um olhar do tipo "mas que diabos"?

— Explico depois. Você conhece ou não?

Ela respira fundo e força a mente para lembrar.

— Leanne, Leanne. Esse nome é familiar.

— É. Para mim também. Mas por quê?

Jade estala os dedos.

— Sexta-feira, nove da noite, bar do Lenny.

— Quê?

— Operação Senhora Robinson — explica Jade —, uma das nossas Senhoras Robinson era uma aeromoça chamada Leanne.

— Você tem certeza? — pergunto com pavor penetrando minha voz.

Jade dá de ombros.

— Acho que sim. Confirma na agenda do Clube.

— Ai, meu Deus.

— Por quê?

Olho para ela sentada na cama, com a boca cheia de gelo, para facilitar sua hidratação e, de repente, me dou conta do motivo que a colocou neste estado.

Fui eu.

Bem, não eu sozinha. Todas nós. O Clube do Carma. Tudo o que aconteceu nos últimos dez dias é culpa nossa. Inteiramente nossa. Aconteceu por *nossa* causa.

Encaro Jade, olho no olho, respiro fundo e digo:

— Porque acho que foi ela que causou essa intoxicação alimentar em você.

Jade me olha esquisita.

— Como?

— Ela era a funcionária nova da cantina.

— Por que ela estava trabalhando na cantina?

Balanço a cabeça.

— Não sei. Talvez para ficar perto de Seth. Essas mulheres são desesperadas, pegajosas e malucas. E essa moça, Leanne, provavelmente, era a mais desesperada de todas. Ela sabia onde Seth estudava. É bem plausível.

Posso garantir que Jade pensa, neste minuto, que estou louca. Tenho recebido esse olhar várias vezes hoje. Já estou até acostumada.

— Não estou conseguindo acompanhar você — diz ela.

Então, disparo a contar toda a história que me aconteceu no dia de hoje. A história sobre a mulher que atende na lanchonete, sobre o que a mãe de Mason disse e sobre o atropelamento de bicicleta de minha irmã por Ryan. E, quando terminei de contar, Jade me lança um olhar arregalado e bobo dizendo:

— Ai, meu Deus, é o efeito borboleta.

— O quê?

Ela morde outro pedaço de gelo e explica.

— Aquela teoria de que, se uma borboleta bate as asas na China, isso pode causar um furacão na Flórida.

— Como?

— Não sei a ciência por trás disso, mas é aquela coisa tipo "cadeia de eventos". Como se o menor sopro possível das asas da borboleta pudesse se transformar em uma tempestade de vento do tamanho de um ciclone no momento em que ela circula pelo planeta. E foi exatamente isso que aconteceu aqui.

— E nós somos a borboleta — digo, aturdida.

— Somos — responde Jade. — Nós colocamos, na *internet*, o perfil que a Leanne leu. Ela encontrou Seth por causa dele e decidiu arrumar um emprego na cantina da escola. E, então, ela ferrou com o *chili* de peru que comi, e aqui estou.

Afundo em um silêncio profundo enquanto as peças do quebra-cabeça vão se juntando. Jade está completamente certa. Cada uma das coisas ruins que aconteceram conosco na última semana e meia, fomos *nós* que as desencadeamos. Dessa forma, no final, todos os meus suspeitos iniciais são inocentes.

Fomos nós.

Mas por quê? Por que isso aconteceu? Estávamos fazendo uma boa ação. Estávamos equilibrando o universo. Estávamos auxiliando o Carma, aliviando seu fardo. Por que ele teve que voltar e nos atacar pelas costas?

E a única coisa em que consigo pensar é: o que virá depois? Quais outros furacões estão se formando agora pelo caminho, prontos para nos atacar?

Se quisermos ter alguma esperança de prevê-los, será no rastreamento de nossos passos. Descobrir onde mais batemos nossas asas para, então, tentar fazer o possível para impedir a reação em cadeia antes que tudo desabe em cima de nós. Corro para casa direto para meu quarto, em busca da agenda do Clube do Carma. De repente, sinto-me agradecida por ter tido a ideia de registrar tudo desde o começo. Do contrário, agora estaríamos tentando adivinhar um monte de coisa no meio de nossa memória esparsa.

Pego a mochila do chão e abro o zíper da frente. Tiro os livros da escola que usei hoje na aula. Porém, quando olho dentro dela para pegar a agenda, descubro que ela não está lá.

Isso é esquisito, penso comigo. Sempre deixei a agenda aqui. Então, imagino que deva estar em algum lugar em meu quarto. Em meio à comoção desta semana, devo tê-la escondido em algum lugar e simplesmente esqueci onde. Procuro dentro das gavetas, debaixo da cama, no guarda-roupa e até no banheiro, achando que talvez eu a tivesse escondido junto com meus produtos para o cabelo e coisas do tipo. Mas nada feito.

Meu coração começa a pesar dentro do peito. Ligo para Jade e pergunto se deixei a agenda na casa dela. Negativo. Então, ligo para Angie e pergunto a mesma coisa. Sem chance.

Caio na cama, aturdida, com as mãos na cabeça e me dou conta de que chegou a hora de procurar um abrigo, pois já posso sentir o furacão se aproximando.

A agenda do Clube do Carma sumiu.

Spen, o estagiário sueco

Spencer me liga mais tarde naquela noite, mas eu não atendo. Ele deixa uma mensagem de voz fofa no celular dizendo que espera que minha irmã esteja melhor.

É claro que ela não está melhor. Eu provoquei um atropelamento de bicicleta na vida dela! Mas acho que não consigo encará-lo agora. Eu precisaria de mais mentiras e já não posso mais mentir.

Jade e Angie também me ligaram e também ignorei as chamadas. Como é que eu posso dizer a elas que perdi a única coisa que detém nossos mais destrutivos segredos? É como se o presidente aparecesse no Salão Oval e dissesse que acabara de perder os códigos de lançamento das bombas nucleares. Se eu fosse ele, fingiria que nada aconteceu e esperaria que o país não explodisse. E é exatamente isso o que pretendo fazer.

No dia seguinte, na escola, Jade me cerca em meu armário e tento dizer-lhe algo sobre como ela parece estar se sentindo melhor por ter vindo para a escola e tal, mas, só pelo seu olhar, percebo que ela não está com humor para conversinhas sobre saúde. Ela vai direto ao ponto e pergunta se encontrei a agenda depois que liguei ontem à noite. Minto e digo que sim. Mas ela percebe de cara e me puxa para um canto vazio. Sua expressão fica muito séria e ela diz:

— Maddy, você não pode perder aquela agenda. Você sabe disso. Tudo está registrado lá. Tudo o que planejamos e o que fizemos. Todas as nossas armações. Ela conecta todas as coisas ruins que aconteceram por aqui a nós três.

— Eu sei! — digo a ela, soltando seu braço para longe do meu. — Você acha que eu não sei disso?

— Bem, então, onde está a agenda? — o tom de Jade está bem sério e ameaçador agora, como se ela fosse me espancar caso eu não fizesse a agenda aparecer à nossa frente.

Jogo as minhas mãos para cima.

— Eu não sei. Ok? Eu não sei. Só posso ter colocado em algum lugar.

— Bem, nós temos que encontrá-la — diz ela, como se eu não tivesse pensado nisso antes. Como se a ideia de recuperar a única coisa que pode nos incriminar não tivesse nem passado pela minha mente até agora. — Onde você viu a agenda pela última vez?

Respiro fundo e cruzo os braços.

— Não lembro — digo, forçando meu cérebro. — Acho que foi na semana passada, no ônibus. Tirei a agenda da mochila para escrever que os pais de Ryan Feldman haviam tirado o carro dele.

— E? — encoraja Jade. — O que aconteceu depois?

Coço a minha cabeça, tentando lembrar. Mas, sinceramente, fiz o possível para bloquear qualquer memória daquelas viagens medonhas no ônibus escolar. O que *aconteceu* depois disso? Eu estava no ônibus e então...

— É mesmo! — falo subitamente. — Depois, eu recebi uma ligação do Spen... — paro de falar antes de acabar a frase.

Jade me olha com uma expressão esquisita.

— Você recebeu uma ligação do Spen? Quem é Spen?

— É... — começo a gaguejar tentando consertar o erro. — É, o Spen. Ele é um estagiário sueco do escritório do meu pai. Ele... hum... ele queria me fazer uma pergunta sobre...

Sobre o quê?

Não tenho a menor ideia! Acabei de inventar isso!

Felizmente, Jade diz:

— Não importa o que ele queria. O que foi que você fez com a agenda quando ele ligou?

Fechei os olhos e tentei relembrar a conversa com Spencer. Ou com Spen, neste caso. O celular tocou, coloquei a agenda no banco ao meu lado e, então...

— Ah, não! — digo em voz alta.

— Ah, não, o quê? — grita Jade, a apreensão crescendo em seu rosto.

Encolho-me de medo assim que me lembro precisamente do que fiz. Spencer me ligou para saber se eu queria sair com ele e fiquei tão preocupada em impedir que ele me visse saindo do ônibus da escola que deixei a agenda no banco ao meu lado.

— É... — começo, sabendo que não há como esconder isso dela.

— Fala! — pressiona Jade.

— Acho que deixei no ônibus da escola.

Assim que as palavras saem da minha boca, recuo de medo e aguardo a explosão de raiva. Jade, discretamente, solta todos os tipos de palavrão e, então, pergunta repetidamente como eu pude ser tão descuidada. Mas, se eu contar a ela o motivo de meu descuido agora, só vou me encrencar mais ainda. Assim, eu decido aguentar e me desculpo mil vezes até que as duas se cansam e Jade, enfim, fala:

— Bom, nós temos que pegar a agenda de volta. Talvez o motorista do ônibus tenha a achado no final do turno dele. Talvez ela esteja na seção de achados e perdidos em algum lugar.

— Talvez — falo, tentando soar otimista. — Provavelmente está. Apenas nos esperando buscá-la.

Jade concorda com a cabeça e posso dizer que ela já está três passos à minha frente.

— Certo — começa ela —, depois da aula, você, Angie e eu vamos perguntar, na secretaria, para onde são levados os objetos achados no ônibus escolar e, então, passaremos lá e a encontraremos.

— Isso. Boa ideia.

Jade balança a cabeça para mim como uma mãe decepcionada com a filha.

— Não posso acreditar que você tenha feito isso — diz ela num golpe final.

— Tenho certeza de que está tudo bem — digo, colocando a mão no ombro dela. — Quem pegaria uma agenda usada?

***

Nós, na verdade, nem chegamos à secretaria da escola, pois, no meio do caminho, depois da última aula, fomos paradas por Jenna LeRoux.

— Ei, Maddy — diz ela com um olhar frio diretamente para mim.

Olho para baixo, sentindo-me desconfortável com ela me encarando.

— Oi, Jenna.

— Estive procurando você o dia inteiro — ela pronuncia a última palavra como se estivesse esperando algum tipo de prêmio por ter tido tanto trabalho fazendo isso.

Sinto a palma de minhas mãos suar e o sangue correr quase gelado por minhas veias. Provavelmente, ela soube de mim e Spencer. E ela não parece feliz com isso. Agora, ela vai anunciar isso para as duas pessoas que tanto me esforcei para que não soubessem desse segredo. Engulo seco e digo:

— Olha, eu estou sem tempo para conversar agora, depois eu falo com você, ok?

Dou um passo para passar por ela, mas Jenna tranca minha passagem e coloca a mão em meu ombro. Jade e Angie observam, perplexas. Tenho certeza de que estão pensando qual é o assunto que Jenna pode ter comigo.

Por um minuto, acho que ela, na verdade, quer brigar comigo. Quero dizer, não é isso que as pessoas fazem quando querem encher alguém de porrada? Colocam a mão em seu ombro como se dissessem "Nem se atreva a dar um passo ou derrubo você aqui mesmo"?

Agora, fico pensando por que fui parar o caratê depois de apenas duas aulas, quando tinha 9 anos. Aquilo certamente seria útil agora. Poderia sacar uns golpes incríveis para derrubar uma pessoa no chão. E, antes que

Jenna se desse conta, ela já estaria no chão, e eu, na metade do caminho para meu carro.

Limpo a garganta e, com uma voz meio patética, digo:

— Me dê licença, mas temos que ir a um lugar agora.

— Na verdade — diz Jenna, tirando devagarzinho a mão de meu ombro e colocando-a na cintura —, acho que vocês vão preferir ficar um pouquinho para ouvir o que tenho a dizer.

Ai, Deus, penso comigo. *Por favor, não fala. Não na frente delas.*

Faço uma expressão de zombaria.

— Duvido muito.

Dou mais um passo e nós três continuamos andando pelo corredor. Isto é, até que Jenna grite:

— Tenho uma coisa que pertence a vocês e que devem estar querendo de volta.

E nós três paramos no mesmo segundo. Não me atrevo a olhar para trás. Apenas fico parada ali, esperando ouvir as palavras que estão apavorando minha vida desde ontem. Eu só não imaginava, nem em um milhão de anos, que elas viriam da boca de Jenna LeRoux.

— Por acaso vocês perderam uma agenda rosa?

Jenna Furacão

Não é preciso ter um diploma em ciências para entender o efeito borboleta. Se eu não estivesse no ônibus aquele dia, a agenda do Clube do Carma, que carrega todos os nossos segredos mais profundos e obscuros, jamais cairia nas mãos de Jenna, cuja irmã mais nova é nada mais que uma caloura em nosso colégio, e, assim, com toda a sorte que temos, também estava no mesmo ônibus escolar. Mas eu não estaria andando de ônibus se não tivessem me tirado o direito de dirigir. E eu não teria perdido esse direito se a câmera do radar não tivesse me fotografado falando ao celular enquanto dirigia. E eu não estaria falando ao celular ou dirigindo naquele momento se não tivesse encontrado o *e-mail*, na caixa de entrada de Mason, que provava sua trapaça. E, obviamente, eu não estaria lendo os *e-mails* de Mason Brooks, para começo de conversa, se não fosse por causa...

Isso mesmo, o Clube do Carma de novo.

Isso está ficando ridículo. Quando isso vai acabar? Quanto mais terei que aguentar? Não é justo. Nós que fomos massacradas no começo de tudo. Não era para perseguirem a gente. Onde está a justiça disso?

Jade dá um passo na direção de Jenna e diz:

— Corta o papo furado, Jenna. Devolve a agenda para nós.

Sinto-me um pouco aliviada por Jade tomar a frente da conversa, uma vez que isso tudo já ultrapassou minhas forças.

Mas Jenna apenas fica parada lá, inclinada para um lado, e joga a mochila para trás do ombro.

— Hum... Deixe eu pensar um pouco... Não!

Um nó se forma em minha garganta e percebo que este é um daqueles momentos em que você encara a morte no olho, e ela diz que você vai se ferrar e que não há nada que você possa fazer para impedir isso. Com a diferença de que, neste caso, não se trata da minha morte, e, sim, do fim da minha vida como eu a conheço.

Jade aparenta estar muito mais calma em relação a tudo isso. Ela revira os olhos para Jenna e diz:

— Então por que é que você está se dando ao trabalho de falar isso para nós se você não vai devolver?

Jenna finge estar considerando sua resposta por um momento, mas consigo identificar que ela nem está pensando sobre isso. É um daqueles momentos em que a pessoa age com superioridade quando sabe que detém o poder total e quer aproveitar todo e cada minuto que puder.

— Bem — diz ela —, achei que nós quatro poderíamos conversar primeiro.

— Sobre o quê? — Angie, agora, dá um passo para a frente e fico um pouco atrás delas, parecendo excluída. E é exatamente assim que me sinto agora.

— Sobre o que tem na agenda — diz Jenna como se fosse o conceito mais óbvio do planeta.

— E o que isso tem a ver com você? — responde Jade num estalo, o que me faz pensar se ela ensaia encontros como este na frente do espelho com certa frequência, pois ela está lidando com isso muito bem e de forma impressionante.

Jenna começa a passar a mão no cabelo.

— Sei lá, eu estava pensando que talvez pessoas como Mason ou Heather ou até Seth estivessem interessados no que está escrito ali.

Fecho meus olhos com força e desejo silenciosamente, com meu coração, que toda essa situação desapareça. Rezo para que, quando abrir os olhos, o corredor esteja vazio e que tudo tenha voltado ao normal. Mas tudo está igual. Jenna está parada lá, fingindo-se de recatada com o corte do cabelo querendo imitar o de Heather Campbell. E sei que tudo está prestes a desmoronar bem aqui e agora.

Tenho que fazer alguma coisa. Tenho que fazer alguma coisa. Não posso ficar parada aqui e não fazer nada enquanto assisto a Jenna destruir minha vida. Enfim, dou um passo para frente e digo:

— Jenna, por que você não fala de uma vez o que é que você quer?

Ela abre a boca e dá um sorriso dissimulado, olhando-me de cima a baixo.

— Vocês são obviamente hiperespertas, com tanta criatividade em suas... iniciativas — começa ela.

Observo-a intensamente, esperando pelas palavras mágicas. Aquele simples pedido que vai nos tirar dessa confusão e tudo voltará ao normal.

E, então, elas aparecem.

— Preciso de uma ajuda do clubinho de vocês — declara de maneira banal. — Quero aproveitar o cérebro conspirador de vocês para armar uma vingança pessoal.

— E depois você entregará a agenda para nós? — pergunto.

Ela abre um sorriso malicioso:

— É claro.

Solto um suspiro de alívio e viro-me para Jade e Angie. Elas também parecem aliviadas ao ouvir uma saída para isso tudo.

Jenna olha cada uma de nós fixamente, solta a mecha do cabelo que ficou alisando nos últimos cinco minutos e fala:

— Apenas me ajudem a acabar com Spencer Cooper e a agenda é toda de vocês.

O ULTIMATO

Sinto como se tivessem me dado um soco no estômago. Não que eu já tenha levado um soco no estômago durante minha vida. Mas uma vez eu caí de um trepa-trepa quando tinha 8 anos e a pancada foi tão forte que fiquei sem ar de uma maneira que nem conseguia chorar. Então, penso que deva ser assim que a gente se sinta quando levamos um soco no estômago. E sinto-me exatamente assim agora. Como se alguém tivesse tirado todo o oxigênio de mim de uma maneira que não consigo chorar ou gritar. Não consigo nem falar.

Esta é uma daquelas situações que as pessoas chamam de "enrascada". Você sabe, quando dizem "Você se meteu numa enrascada daquelas, não foi?". Ainda não tenho ideia do motivo que usam essa palavra, mas de uma coisa eu tenho certeza: não tem graça alguma.

Jenna nos dá especificamente uma semana para preparar um plano de vingança contra Spencer. E, depois disso, penso eu, se chegarmos com as mãos vazias, ela vai simplesmente entregar a agenda para a pessoa que ela acredita poder nos prejudicar mais. Só fico imaginando quem seria: os editores no comando do jornal da escola, Heather Campbell, a polícia... As possibilidades são infinitas.

— Não podemos fazer isso! — eu insisto, do banco de trás do carro de Jade, enquanto nós três seguimos para a casa dela, para discutir nosso aperto atual.

— Por que não? — perguntam Jade e Angie em uníssono.

— Porque isso é chantagem! É extorsão! — o que, por uma coincidência, apenas dez minutos atrás, eram duas coisas que eu não teria o menor problema em aceitar se fossem a resposta para sair ilesa dessa situação.

— E daí? — diz Jade. — Se for isso o que vai nos trazer a agenda de volta e nos livrar de todas as explicações...

— Mas não podemos fazer isso com Spencer — argumento.

— Quem se importa com Spencer? — diz Angie. — Depois do que ele escreveu no armário de Jenna, o cara está merecendo uma vingança.

Deus, por que o Senhor está fazendo isso comigo? É porque eu menti, não é? Isso é um castigo por eu ter mentido para minhas amigas. Bravo. Muito bem pensado. Touchè, *Deus.*

— Mas... — começo a gaguejar. — Mas... e se não foi ele quem escreveu? E se outra pessoa escreveu? Aí, a gente o castigaria sem nenhuma razão.

— Quem você é agora? A mais nova melhor amiga de Spencer Cooper ou algo do tipo? — dispara Angie. — Você se esqueceu do que se passou no *loft* dos pais dele?

— Mas não foi culpa dele — argumento, percebendo que estou me afundando cada vez mais num buraco negro de ilusão, mas, neste ponto, não tenho mais escolha, tenho?

— Maddy — diz Jade num tom mais calmo. — A gente nem conhece o Spencer Cooper. E, com base em tudo o que já ouvi, ele é um cara riquinho e mimado cujo pai pode tirá-lo de qualquer problema que a gente criar para ele. Então, acho que a coisa mais inteligente aqui é começarmos a pensar na Operação Aniquilamento do Spencer e nos focar em salvar nossas próprias vidas das mãos de Jenna LeRoux.

E, bem ali, sou silenciada no banco de trás.

— Ei, tive uma ideia — diz Angie subitamente. — O que acham de a gente colocar creme depilatório no xampu dele para o cabelo cair em tufos?

— Olha, gostei disso — diz Jade. — Ou a gente pode enviar flores e cartas de amor para o senhor Chandler, o diretor da escola, assinadas com o nome dele.

— É, saquei — diz Angie, dando risada, e noto que ela está se divertindo muito para o meu gosto. — Vamos contratar um *stripper* e mandá-lo na próxima festa do *loft* para chamar pelo Spencer.

Jade explode numa gargalhada e fico assistindo horrorizada aos dois monstros que criei planejarem a ruína de meu namorado secreto. Sinto ainda mais vergonha quando penso que, duas semanas atrás, eu estaria tão feliz quanto elas, envolvida nessa conversa, com minhas próprias sugestões de armações hilárias de vingança. Agora, tudo o que quero fazer é chorar.

— Ou... ou... — diz Jade, tentando segurar a risada — podemos criar um site na *internet* com...

— Parem! — grito do banco de trás do carro.

Sinto que estou vivendo uma daquelas experiências "fora do corpo" em que você perde o controle total de tudo o que faz ou diz.

— Qual é o seu problema? — pergunta Angie, virando-se para me lançar um olhar de reprovação.

— Não podemos fazer isso. Não podemos fazer nada disso.

E, agora, sinto minhas lágrimas escorrerem. Outra coisa sobre a qual parece que não tenho controle. Elas simplesmente não param de rolar. Como se cada gota de lágrima tivesse vida própria e triunfantemente desafiasse o minúsculo pedacinho de forças que ainda tenho.

— Maddy — diz Angie agora um pouco mais suave —, pare de chorar. Vai ficar tudo bem. Vamos fazer só mais uma coisinha, e então Jenna vai devolver a agenda. E tudo estará acabado.

Fico em silêncio por alguns momentos enquanto Angie continua me olhando, e Jade, preocupada, fica me dando umas olhadas rápidas pelo retrovisor do carro.

Sei que chegou a hora de dizer toda a verdade. Não posso ficar aqui sentada e permitir que minhas amigas façam isso com Spencer. Ele não é essa pessoa que elas acham que ele é. Ele é diferente. Ele é gentil e bom e totalmente fofo. E, sem mencionar, completamente inocente.

Limpo minhas lágrimas, respiro bem fundo para criar coragem e digo:

— É que... Spencer e eu estamos... bem, a gente está namorando.

Jade pisa no freio e o carro para bruscamente. Começam a buzinar sem parar atrás da gente e ela rapidamente manobra o carro para a lateral da rua e estaciona. Tira o cinto de segurança e se vira totalmente para ficar de frente para mim.

— O que foi que você disse?

E, lá estou eu, sentada ao lado da janela com minhas duas melhores amigas me encarando. O choque e a decepção em seus olhares. Fico olhando para baixo.

— Eu queria contar para vocês, eu juro, mas não sabia como. E fiquei com medo de que vocês ficassem com raiva depois...

— Depois de tudo o que fizemos para vingar você do último fracassado que você namorou? — diz Angie praticamente gritando.

— Eu sinto muito — digo me encolhendo. — Aconteceu muito rápido. Eu estava dando aula de reforço para ele em sua casa e tudo o que sei é que já estávamos nos beijando, e era legal e ele era legal e...

— Mas e aquilo que ele escreveu no armário da Jenna? — dispara Jade, me interrogando.

— Esse é o problema — digo, tentando defender a mim e a Spencer. — Ele não escreveu aquilo. Nem sabe quem escreveu. Ele acha que foi a própria Jenna.

Angie solta um suspiro sonoro e revira os olhos.

— Pelo menos, foi isso o que ele disse a você.

Balanço a cabeça, frustrada.

— Não, eu acredito nele. De verdade.

Jade também solta um suspiro exagerado de exasperação.

— É, você também acreditou em Mason por dois anos, e veja no que resultou.

— Não, é diferente com Spencer...

Tento dizer a elas, mas logo percebo que nenhuma das duas está ouvindo. Não importa o que eu diga, elas não vão acreditar em mim e não posso culpá-las. Eu, provavelmente, também não acreditaria em mim mesma.

— E nosso pacto? Sobre ficarmos juntas? — pergunta Jade. — Sobre cuidarmos umas das outras porque os garotos não vão fazer isso. Que eles são *todos* insensíveis. Alguma dessas palavras faz você lembrar alguma coisa? Deveria, pois são *suas* palavras.

— Queria muito que vocês entendessem — suplico a elas —, o Spencer não é quem vocês pensam. Na verdade, ele é um cara muito doce.

— Então, é assim que vai ser? — diz Angie com uma expressão séria de desapontamento que fez o meu coração se apertar dentro do peito. — Você vai escolhê-lo em vez de nós.

— Não é isso — digo, sentindo o mundo desabar sobre minha cabeça sem que eu tenha forças para impedi-lo. — Tem que haver outra maneira de pegar a agenda de volta da Jenna.

Jade liga o carro e volta para a avenida. Seu tom de voz é repleto de algo que só posso chamar de desgosto.

— Bem, não há outra maneira, Maddy. Este é o único jeito. É ele ou a gente. E, se você o escolher, não venha mais chorar no meu ombro quando ele também partir seu coração.

***

Em vez de irmos para a casa de Jade, como combinado, ela me deixa em minha casa.

— Olha — diz ela antes de eu sair do carro, o tom de voz mais suave e controlado desta vez —, se você conseguir encontrar outra maneira de tirar a gente dessa, tudo bem, nós faremos do seu jeito. Mas, se não encontrar em uma semana, vamos ter que resolver isso do jeito da Jenna.

Então, com uma leve demonstração de solidariedade, completa:

— Desculpe-me, Maddy. Mas é assim que tem que ser.

Abaixo a cabeça, derrotada, e saio do carro. Fico parada na entrada de casa olhando as duas desaparecerem enquanto o carro se afasta, e sinto desespero e saudade. Desespero por deixar minhas amigas decepcionadas e saudade de tudo como costumava ser antes. Antes disso. Antes de Mason me trair com Heather. Antes do Clube do Carma. Quando a vida era simples e fácil e divertida. Agora, ela é tão complicada com essa confusão. Fico pensando se é este o significado do que querem dizer com "transformar-se em um adulto é um processo complicado". Bem, se é assim que nos sentimos, prefiro ser, eternamente, uma adolescente.

Naquela noite, no jantar, quase não comi. Só fiquei empurrando a comida no prato. A maior parte de minha atenção estava no projeto de ciências da minha irmã, e me sinto muito feliz com isso. Não quero ter que pensar no impossível agora.

Depois do jantar, fico sozinha em meu quarto, tentando me esconder do resto do mundo, enquanto espero que Jade ou Angie me liguem para dizer que está tudo bem agora e que elas me perdoam. Mas o celular não toca.

Fico olhando minha pulseira de pingentes e virando-a em meu pulso para ver cada um dos amuletos como se estivesse vendo-os pela primeira vez. Um bastão de beisebol, um chapéu de formatura, um almofariz com um pistilo, um coração partido e, finalmente... um *Yin-Yang*. São todos eles passos para um caminho que me trouxe bem aqui e agora. E eu preferiria estar em um milhão de outros lugares a estar aqui.

Em um ataque súbito de raiva, arranco a pulseira e jogo-a com violência para longe. Ela cai no chão e desliza para debaixo do guarda-roupa. Só consigo ver um pingente de onde estou sentada na cama. É o Yin-Yang.

O símbolo do equilíbrio. Não sou nenhuma *expert* ou coisa parecida, mas nada está parecendo equilibrado em minha vida neste momento. Tudo está tão terrivelmente de cabeça para baixo que eu poderia até cair bem na cara do centro da Terra. Na verdade, já estou me sentindo escorregar e, infelizmente, não tem nada em que eu possa me segurar. Duvido que minhas amigas falem comigo de novo e, se eu não contar para Spencer o que aconteceu de verdade, então, Jenna vai contar em meu lugar e vou perdê-lo de qualquer jeito. A única coisa que se pode fazer numa hora dessas é exatamente o que estou fazendo agora: ficar sentada aqui e deixar todo mundo do lado de fora.

O que está me incomodando mais é que eu achava que já estivesse tudo resolvido. Achava que esta fosse a resposta. Carma. Equilíbrio. Corrigir as coisas.

Enquanto fico sentada aqui, olhando minha pulseira no chão, percebo, de repente, que só tem uma pessoa capaz de me explicar tudo isso. E tenho que encontrá-la antes que seja tarde demais.

Voltando ao ponto zero

Meus pais, generosamente, decidem liberar meu carro alguns dias antes do prazo. No minuto em que as chaves estão em minha mão, no sábado de manhã, eu já saio de casa. Dirijo em direção ao norte, por 62 quilômetros, sem parar. Acabo de dar início a outro tipo de missão. Uma busca de respostas.

Depois de um pouco mais de uma hora, chego ao Centro Espiritual Napa Valley para Crescimento Interior e jogo as chaves na mão do *valet*. Quando entro naquele prédio, a mesma senhora que recebeu a mim e à minha mãe no centro, há pouco mais de um mês, está atrás da mesma mesa. Ela está vestindo a mesma roupa branca tipo toga, o que me faz pensar na quantidade de roupas iguais que ela deve ter em seu armário.

— Olá — diz ela sem o menor traço de reconhecimento de minha estada anterior.

— Oi — digo, constrangida, parada na frente da mesa e olhando, em seu centro, a estátua dourada do Buda.

Por um momento, parece que a estátua me olha como se estivesse me interrogando. Perguntando-me o que eu estava fazendo ali. E, então, percebo que não tenho um plano de ação. Quero dizer, planejei vir aqui no momento em que peguei o carro de volta, mas não pensei em mais nada além disso. Eu quero respostas. É só isso que sei. Mas não tenho muita certeza de como vou consegui-las.

— É... — começo a falar, agitada. — Gostaria de saber se posso falar com o Rajiv.

A mulher abre um sorriso amigável e responde:

— Rajiv está ministrando um *workshop* neste momento. Gostaria de deixar um recado? Posso pedir que ele entre em contato com você.

— Na verdade — digo, trocando o peso de uma perna para a outra —, a senhora sabe quanto tempo ele vai demorar? Posso ficar esperando. Prefiro falar com ele pessoalmente.

Ela abre um livro preto que está sobre sua mesa. Vai passando as páginas e, depois, passa a ponta do dedo por uma delas até encontrar um espaço retangular, que aponta propositadamente.

— O *workshop* acaba daqui a três horas. Você é bem-vinda para esperar até lá. Tenho certeza de que ele ficará feliz em vê-la quando estiver livre. Você pode se sentar aqui, na sala da recepção — ela aponta para os sofás brancos atrás de mim.

Agradeço e vou me sentar. Nos primeiros dez minutos, inclino-me para trás e tento relaxar. Talvez três horas de leseira façam bem para mim. Uma oportunidade para clarear minha mente, meditar sobre o que aconteceu nos últimos dias e deixar que surjam algumas soluções próprias.

Desde quarta-feira, quando contei a elas que Spencer era meu namorado, minhas duas melhores amigas — ou, talvez, ex-melhores amigas agora — fizeram de tudo para me evitar enquanto eu fiz de tudo para evitar Spencer. Isso não foi fácil. Como não respondi a nenhuma das suas doze ou mais mensagens de texto, ele foi até a minha casa ontem à noite.

Eu sabia que não podia ignorá-lo para sempre. Pelo menos, não sem uma briga. Quero dizer, não é que eu não deseje estar com ele. Eu quero. Realmente quero. Mas não sei *como*. Como eu poderia ter um relacionamento com alguém sem dizer a verdade para ele? Eu deveria ir para a casa dele, assistir a filmes, beijar e fazer carinho e não contar as coisas terríveis que estão acontecendo em minha vida?

E então, claro, existe outro problema que está pairando em cima da minha cabeça como uma nuvem escura que ameaça despencar em uma tempestade e que não vai embora. A agenda do Clube do Carma nas mãos de Jenna LeRoux. Se nós cedermos às suas exigências, Jade e Angie vão garantir a completa e efetiva ruína da vida de Spencer.

Se nós não nos submetermos a ela, uma hora ou outra os conteúdos da agenda virão à tona. Jenna vai cuidar disso. E depois? Spencer vai me deixar. E eu não posso culpá-lo. Por que você ficaria com uma pessoa que ultrapassa todos os limites para se vingar do ex-namorado e da garota com quem ele traiu você? Eu não queria ficar com Spencer depois que achei que ele havia grafitado o armário da Jenna, pois isso revelava parte de seu caráter. Qual é a diferença do que eu fiz?

Não tem diferença.

Quando ele subiu até meu quarto, não pude contar nada disso. E não pude inventar nenhuma explicação razoável que justificasse o motivo que me impediu de responder às suas mensagens de texto. Então, apenas disse:

— Desculpe-me, estou passando por uns problemas com minhas amigas e isso está tomando meu tempo.

Logicamente, como o cara doce, presente e perfeito que ele é, disse:

— Por que você não me conta o que está acontecendo? Talvez eu possa ajudar você.

E, então, senti as lágrimas começando a arder no canto dos meus olhos e, como não queria que Spencer me visse chorando, sacudi a cabeça, desviei o olhar e disse:

— Não, eu não posso falar sobre isso. Não agora. Desculpe-me, Spencer. Desculpe.

Ele concordou com a cabeça, dizendo que entendia o que eu estava passando, mas, na verdade, eu sabia que ele não estava entendendo nada. E como poderia se não dei nem uma pista?

Spencer se sentou em minha cama e apontou para o lado, para que eu me sentasse também. Eu obedeci. E, quando fiz isso, ele colocou os braços em volta de mim e me puxou para perto. Afundei a cabeça em seu pescoço quente e senti o cabelo dele fazer cosquinha em meu nariz. Tentei muito não chorar, mas não consegui. As lágrimas rolavam e Spencer me apertava mais forte, sussurrando palavras em meu ouvido, como:

— Shhh. Maddy, não chore. Vai dar tudo certo. O que quer que seja vai ficar bem.

Isso só me fez chorar mais ainda. Não estava certa de que tudo *ficaria* bem. Mesmo que ele estivesse tentando ajudar, ele só estava deixando as coisas piores. Por que ele tinha que ser tão legal comigo? Por que ele não ficava bravo e simplesmente batia a porta quando saísse? Isso certamente deixaria as coisas mais fáceis.

Enquanto estou aqui sentada neste sofá imaculadamente branco, não consigo mais suportar a ideia de Spencer me abraçando ou me confortando. É muito doloroso. Olho pela sala em busca de algo para ler, pois estou seriamente precisando de algo para me distrair. Tudo o que tem disponível são alguns livros espirituais tipo *New Age* espalhados na mesinha em frente. Pego um deles e começo a folhear.

Depois de ler um parágrafo que dizia: "Como seres humanos, é natural que cometamos erros...", solto um gemido e fecho o livro. É tudo o que eu preciso neste momento. Um livro que me lembre do quanto eu ferrei com minha vida. Jogo-o de volta na mesinha de café (ou, num lugar como este aqui, chama-se, provavelmente, algo como "mesa de chá indiano") e me levanto para falar com a recepcionista novamente. Pergunto, educadamente, se eles têm coisas "normais" para ler, tipo revistas semanais, como a *Garota Moderna*.

Ela me lança um olhar estranho do tipo de quem nunca ouviu falar dessa revista antes e balança a cabeça negativamente. Uma deixa para eu voltar ao meu lugar.

Dez minutos viram uma hora, e uma hora, lentamente, vira duas. Já olhei, neste ponto, umas quinze vezes para meu celular. Cinco vezes para checar a hora e dez para ver se Jade ou Angie me ligaram ou enviaram mensagem de texto. Provavelmente, eu teria olhado mais uma dúzia de vezes se a mulher não tivesse, amigavelmente, me lembrado de que celulares não são permitidos no Centro Espiritual Napa Valley para Crescimento Interior, e fui forçada a guardar o aparelho na bolsa.

O ponteiro da terceira hora finalmente chega ao lugar certo e vejo Rajiv passar pela porta à minha esquerda e caminhar pelo corredor. Dou um pulo do sofá e corro para alcançá-lo.

— Rajiv? — chamo seu nome pelo corredor.

Ele para e se vira. Ao olhar para meu rosto, diferentemente da mulher da recepção, ele parece realmente ter me reconhecido. Abre um sorriso amável e diz:

— Sim?

Fico parada ali, meio envergonhada e digo:

— Oi. Não sei se você se lembra de mim, mas estive aqui com minha mãe alguns meses atrás e ouvi sua palestra sobre Carma e equilíbrio...

Com o mesmo sotaque indiano melódico e intenso que eu lembrava, ele responde:

— Sim, você perguntou sobre meu *Yin-Yang* — e toca o amuleto pendurado no pescoço de forma afetuosa.

Olho para o amuleto e, imediatamente, sinto vontade de arrancá-lo de seu roupão bordado e informá-lo que aquilo é um embuste. Que o universo não liga a mínima para o equilíbrio. Que a única coisa que importa para ele é fazer da minha vida uma desgraça. Mas engulo essa vontade e volto minha atenção para seu rosto.

— É, hum, estava pensando se você teria um tempinho, porque gostaria de fazer umas perguntas sobre essa coisa toda de universo em equilíbrio. Veja bem, parece que não está funcionando bem do jeito que você falou que seria.

Rajiv quase parece se divertir ao ouvir isso.

— Não está? — pergunta ele.

Balanço a cabeça.

— Não.

Ele me olha com bondade e paternalidade. E posso dizer que ele se sente pesaroso por mim. Pois é muito provável que ele saiba que não tenho outro lugar para ir.

E a verdade é que não tenho mesmo.

Ele aponta para a porta e diz:

— Por que não vamos à sala de meditação e você me fala sobre isso?

O CONTÍNUO ESPAÇO-TEMPO

Quando entramos na salinha, Rajiv indica um tapete no chão e eu me sento. Ele se senta à minha frente com as pernas cruzadas e me encara com um olhar tão penetrante que até me sinto bem desconfortável. Logo, percebo que ele simplesmente espera que eu comece a falar.

Esse cara não é mesmo de enrolação, não é? Conversa fiada, aparentemente, não é algo familiar para ele.

Então pulo a parte normal de uma conversa com estranhos como, por exemplo, comentar o tempo ou perguntar sobre como ele veio trabalhar aqui, no Centro Espiritual Napa Valley para Crescimento Interior, e vou direto ao ponto.

— Veja bem, eu fiz tudo o que você falou. Trabalhei duro para equilibrar minha vida e apagar as coisas negativas que aconteceram nos últimos meses, mas não funcionou.

Observo-o com o mesmo olhar de expectativa que o dele, mas ele só fica me olhando calmamente. Quase como se ele soubesse que há mais coisas nessa história.

Inquieta, remexo levemente meus dedos e digo:

— Quero dizer, no início funcionou. Um pouco. Pelo menos, achei que tivesse funcionado. Mas, então, tudo desabou em cima da minha cabeça e acabei pior do que estava antes. E quero saber o motivo. Por que não funcionou comigo? Você disse que a vida é um ato em equilíbrio. E foi exatamente isso que eu fiz. Eu equilibrei. E, no momento seguinte, tudo virou uma confusão danada de novo.

Assim que as palavras saíram da minha boca, me dei conta de que é muito provável que ele não saiba o que significa a expressão "uma confusão danada". Porque é óbvio que esse cara é algum tipo de Gandhi ou algo parecido. E aqui estou eu, falando um monte de coisa que só se ouve em programas da MTV. Então, tento esclarecer:

— Você sabe, tipo em desequilíbrio.

Ele concorda com a cabeça, mas, ainda, sem dizer nada. Fico sentada ali, esperando que ele me pergunte alguma coisa. Qualquer coisa! Mas ele não pergunta. Por um momento que parece ser horas. E então, finalmente, ele fala:

— Se contássemos todas as histórias pelo meio, nunca poderíamos apreciar os finais felizes.

Encaro-o com minha boca aberta até que consigo soltar um eloquente:

— Hã?

Seus olhos revelam uma expressão extremamente paciente enquanto ele fala:

— O que quero dizer é que você está me contando sua história a partir do meio dela. Não posso ajudar você a descobrir como tudo virou uma "confusão danada", como você disse, a não ser que eu ouça a história desde o início. E temo que seja o início que você não está confortável em compartilhar comigo.

A sua voz macia e suave fluía de dentro dele como um tipo de canção exótica com uma melodia espiritual que me fez sentir de duas maneiras ao mesmo tempo: no limite e confortada.

Ele está certo. Tenho medo de contar-lhe como tudo começou. Tenho medo de contar sobre isso para qualquer pessoa. Porque, até agora, não pronunciei uma única palavra sobre o Clube do Carma para ninguém. E o único registro público dele está agora nas mãos de Jenna LeRoux. Então você pode imaginar o motivo de eu não estar tão favorável à ideia de divulgar informações adicionais sobre isso.

Percebo, neste momento, sentada neste tapete no meio desta sala onde as pessoas buscam respostas dentro de si mesmas, que, na verdade, a resposta que estou procurando não ficará evidente para mim a não ser que eu lhe conte tudo. A não ser que eu diga em voz alta o início de tudo. Pois é bem provável que eu também precise ouvir isso de mim mesma.

Então, respiro fundo e falo.

Começo do início e não paro até chegar ao fim. Não o poupo de nada. Só deixo tudo sair. Quando acabo, sinto-me aliviada. Como se tivesse tirado um peso de cima de mim. De alguma forma, contar toda a história de uma só vez pareceu uma terapia. Pois foi aí que eu soube que essa história pode ser contada em uma só tacada. Em questão de minutos. E, se for esse o caso, então a história não é tão ruim. Espero que tudo isso signifique que a solução possa ser encontrada na mesma proporção de tempo.

Espero Rajiv falar. Sei que ele tem uma coisa boa. Uma coisa que ele está guardando dentro de si pelos últimos dez minutos. Porém, depois de trinta segundos, ele ainda permanece parado lá me encarando com um meio sorriso tipo bobo no rosto. Finalmente, digo:

— E então?

E ele responde "E então?" de volta para mim, mas com um tom bem incisivo na voz. Como se ele estivesse declarando algo hiperóbvio e estivesse completamente atônito por eu não perceber o que é.

Não sei como reagir a isso, então pergunto:

— Você não vai me dizer o que fazer? Como consertar? Como fazer tudo ficar bem de novo?

Rajiv simplesmente levanta uma sobrancelha e diz:

— Não, me desculpe. Não posso dizer isso.

— O quê? — praticamente gritei de terror. — Então por que diabos eu vim até aqui e despejei tudo isso para você?

Rajiv permanece sentado silenciosamente em seu tapete com as mãos no colo.

— Para que você pudesse ajudar a si mesma a descobrir a resposta.

Ouvir isso é mais que frustrante, pois, obviamente, não consigo descobrir sozinha. Preciso de ajuda. É por isso que estou aqui. Se pudesse descobrir eu mesma, tudo estaria de volta ao normal agora.

— Mas eu não consigo! — reclamo, jogando as mãos para cima. — Não consigo descobrir sozinha. Eu tentei. Passei horas tentando achar soluções e todas elas parecem resultar em desastres. Não consigo fazer isso. Não sei por que isso está acontecendo comigo. Tentei alcançar o equilíbrio em minha vida, exatamente como você me disse, e eu...

— Ah... — Rajiv começa pensativamente. — Mas você não buscou somente o equilíbrio em sua vida, você também buscou praticar o desequilíbrio na vida de outras pessoas.

— Como?

Rajiv abre outro daqueles sorrisos pacientes que juro que ele deve praticar todas as manhãs na frente do espelho antes de vir trabalhar, pois parece que ele tem a coisa toda ensaiada.

— Você não consegue alcançar o equilíbrio buscando também o desequilíbrio.

Certo, isso não faz o menor sentido para mim, e Rajiv percebe claramente, pois continua falando:

— Nós somente conseguimos consertar nossas próprias vidas. Não podemos nos colocar no papel de deuses na vida das pessoas.

— Mas era isso o que eu estava fazendo! — argumento na defensiva. — Consertando minha própria vida. Mason me magoou. Ele me traiu. Ele me *usou*. E aconteceu o mesmo com Ryan e Seth. Eles magoaram minhas amigas. As pessoas com quem eu mais me importo neste mundo. Eles não merecem ser magoados de volta?

— Infelizmente, não cabe a nós decidir o caminho de outras pessoas.

— Eu não entendo — choramingo. — Só posso me ajudar se isso não afetar outras pessoas?

Rajiv coloca o dedo na própria testa e consigo identificar a deixa, pois ele estava tentando me mostrar isso nos últimos quinze minutos. Então, ele diz:

— Nós temos que seguir nosso próprio caminho e, algumas vezes, esse caminho pode ser carregado de obstáculos e curvas e rios para atravessarmos. Mas não podemos bloquear o caminho de nossos vizinhos, pois não é esse o nosso papel. Nós só podemos buscar dar forma e enfeitar nosso próprio caminho.

— Mas Mason e Heather afetaram meu caminho. Por que eles têm permissão de se livrar disso e eu não?

— O universo tem um lugar e um propósito para tudo e para todos. Às vezes, não sabemos que lugar é esse. Ou qual é o propósito de tudo o que acontece conosco. É por essa razão que devemos permitir que a ordem natural das coisas aconteça.

Balanço a cabeça negativamente e olho para ele com uma expressão de súplica.

— Ainda não consegui entender.

Por um momento, ele parece estar concentrado em seus próprios pensamentos. Como se tivesse esgotado suas explicações e estivesse prestes a desistir de mim. Porém, ele então olha para mim e diz:

— Você assistiu ao *De Volta para o Futuro Parte 2*?

Pisco os olhos sem poder acreditar.

— Como?

— O filme *De Volta para o Futuro* — esclarece ele.

Não é que eu não saiba do que ele está falando, mas é que não dá para acreditar que esse cara está realmente usando um filme como exemplo. E pior, uma sequência de filmes. Por razões óbvias, ele não é o tipo de cara que passa o tempo em cinemas mandando ver na pipoca e nos doces.

Concordo com a cabeça, com cautela. Como se tivesse medo de para onde esta conversa vai.

— Sim, eu assisti a esse filme.

— Você se lembra do que acontece quando Marty e o Doutor voltam no tempo para o ano 1985, depois de terem estado em 2015?

— Lembro — respondo —, está tudo bagunçado e diferente porque Biff roubou a máquina do tempo no futuro, voltou para 1955, deu a ele mesmo o almanaque de esportes que acabou ferrando toda aquela coisa do contínuo espaço-tempo.

— Isso — diz ele —, ou, como o Doutor sabiamente colocou: "A linha do tempo derivou-se em uma tangente criando um 1985 alternativo".

Coço minha cabeça, confusa. Rajiv percebe e pergunta:

— Você não se lembra da linha do tempo?

Dou uma olhada para ele de lado.

— Lembro, sim. Desculpe-me, mas é que acho difícil acreditar que você assistiu mesmo ao *De Volta para o Futuro Parte 2*.

— É claro que assisti — diz Rajiv tranquilamente, com seu sotaque forte. — É um clássico.

Coço de novo a cabeça e tento aceitar o fato.

— Então você está me dizendo que criei um 1985 alternativo?

Ele solta uma risada branda.

— De certa forma, estou. Você acabou derivando o caminho natural do universo em uma realidade que, agora, está experimentando. Se você quiser usar o conceito de Carma para explicar o que aconteceu com você, então...

— Então criei uma nova cadeia cármica de eventos — completei a frase dele enquanto os pensamentos começavam, lentamente, a clarear em minha cabeça.

— Exatamente — responde ele, satisfeito.

Não posso acreditar no que estou ouvindo agora. Nós estávamos tentando consertar uma coisa que achávamos que estivesse quebrada. Mas, se Rajiv estiver certo, então, nada precisava ser consertado para começo de conversa. Ou, pelo menos, o Carma achava isso. Quando interferimos e desencadeamos uma nova corrente de eventos que, claramente, não deveriam acontecer, o Carma teve que interferir e reequilibrá-los novamente.

Assim, na realidade, durante todo esse tempo, eu estava buscando alguém para culpar por tudo o que aconteceu. O homem que roubou a farmácia em que Angie trabalha. A mulher que estragou o *chili* de peru. Ryan, por atropelar minha irmã com a bicicleta. Mas, do jeito que se confirmou, eles não eram culpados de nada.

O Carma era o culpado.

A grande força que tentamos simular. Ela se voltou para nós para mostrar quem é que está no comando.

Obviamente, o Carma não queria que ficássemos por aí bagunçando com seu plano já traçado.

Fico sentada ali, com a boca aberta.

— Mas — começo — você disse que *podemos* mudar nosso caminho.

— É claro — responde —, todos os seres humanos têm controle sobre seu destino. Esse é, afinal de contas, o nosso objetivo neste planeta. Não é interferir na vida dos outros, mas dar forma às nossas próprias experiências.

— Mas como se faz isso sem interferir na vida dos outros?

— Ah... — diz Rajiv novamente, desta vez com certo ar de mistério e suspense. Como se ele já tivesse descoberto essa parte e, ao me contar, sem sombra de dúvidas, mudaria a minha vida para sempre. Exceto que a única coisa que ele diz é:

— Agora, *essa* é uma pergunta muito boa.

— E, pelo visto, você não vai me responder — reflito com um leve tom de contrariedade na voz.

Ele não reage à minha irritação. Simplesmente, faz uma reverência graciosa com a cabeça e não diz mais nada.

E eu sei, neste momento, que já consegui toda a informação que poderia conseguir desse cara por hoje.

O novo Poderoso Chefão

Volto para casa dirigindo em meio à neblina.

No sentido literal e figurado. Porque há mesmo uma densa neblina lá fora, que posso ver pelo para-brisa do carro, muito comum no norte da Califórnia em março. Mas também há uma densa nuvem acima de minha cabeça. E, infelizmente, não tenho luzes de alta capacidade para me ajudar a ver através dela, como no caso do meu carro.

Penso que Rajiv disse coisas que fazem sentido. Quero dizer, estamos praticamente sendo castigadas por tentar interferir no plano onisciente do Carma. Mas como diabos eu posso consertar isso? Bem, isso ainda é um mistério.

Quem sabe quais outras surpresas o Carma ainda reserva para nós? É óbvio que tem aquela coisa toda de Jenna ainda estar com a agenda, que por si só já é um problemão, mas terá mais alguma coisa? Isso será o fim de tudo? Ou ainda há algum castigo a caminho? E como saberemos quando isso tudo vai acabar? Como saberei quando meus desequilíbrios universais estarão finalmente liquidados? Terei que caminhar na ponta dos pés em cada rua que passar pelo resto de minha vida, sem nunca saber quando o Carma pulará em meu pescoço para me pegar? Como aquelas pessoas amedrontadas que participam do grupo de proteção a testemunhas e se escondem da máfia. Sim, *é* exatamente assim que vejo o Carma agora. Como um membro da máfia. Um gângster. Um mafioso impiedoso, implacável e sedento de poder que matará e destruirá qualquer um que cruzar seu caminho.

E os pontos em comum são muito claros. Digo, intoxicação alimentar, assaltos, pernas quebradas e objetos roubados. Parecem atitudes de qualquer filme de máfia aos quais já fui obrigada a assistir.

Assim sendo, como alguém faz as pazes com a máfia? Tenho certeza de que conquistar seu lado bom não é uma tarefa fácil. Eles têm dezenas de contatos por todo o mundo. Se tiverem qualquer indicação, não vai adiantar se esconder, pois o Carma o encontrará.

***

Quando chego em casa, ainda não tenho nenhuma solução pronta. É em uma situação como esta que geralmente ligo para Angie ou para Jade e peço ajuda, mas elas ainda não estão falando comigo. Então, não tenho praticamente ninguém para me ajudar. Pois minhas amigas são as únicas pessoas na minha vida (além de Rajiv, naturalmente) que sabem de toda a história.

Então, deito em minha cama e fico olhando para o teto como se esperasse uma mensagem que o próprio Deus vai trazer para mim.

Alguém bate à porta do meu quarto e peço que entre. É meu pai, que entra e se senta ao meu lado na cama.

Ele começa a falar qualquer coisa para puxar assunto. Pergunta se estou gostando de ter o carro de volta e digo que sim. Pergunta como está a escola e digo:

— Tudo bem.

Posso sentir que ele quer que eu fale sobre o que está me incomodando. Quer trazer um pouco de luz em meu recente comportamento sombrio. Diferente de Rajiv e sua abordagem "vamos direto ao ponto", meu pai está empregando o recurso da "conversa fiada" para me fazer falar. Mas não entro nessa. Porque ele é o tipo de pessoa que precisa de explicações antes de poder ajudar. Então, simplesmente, respondo às suas perguntas o mais educadamente possível, até que ele, enfim, para de enrolar e diz:

— Você sabe que pode falar sobre qualquer coisa comigo e com sua mãe.

— Eu sei.

— Não importa o que seja.

— Hã-ham.

Ele percebe que não vai conseguir mais nada; então, levanta-se.

— Certo. Acho que você sabe onde nos encontrar se precisar.

E, quando ele está quase na porta, sento-me na cama e digo:

— Pai?

Ele se vira.

— Sim?

Por um momento penso que talvez haja uma maneira de perguntar o que quero sem que eu tenha que revelar toda a história. E, se houver, definitivamente vale a pena tentar.

— O que você faria se tudo que tentou realizar na vida não tivesse dado certo? E, mesmo sabendo que você fez tudo certo, ainda assim tudo acaba desabando bem à sua frente?

Meu pai parece surpreso com minha pergunta. Não é exatamente uma pergunta leve e graciosa que dá para responder com uma simples palavra.

— Bem, você sabe o que o Einstein disse?

— O quê? Que o espaço e o tempo são relativos?

Ele ri e balança a cabeça.

— É, mas ele também disse que insanidade é fazer a mesma coisa repetidamente, esperando resultados diferentes.

Solto um suspiro e me deito novamente na cama. Por que todo mundo tem que ser tão enigmático o tempo todo? Por que as pessoas não falam de forma simples com frases diretas? É muita coisa pedir isso?

Meu pai sente minha frustração.

— Isso significa que você deve fazer o contrário.

Olho para ele.

— O contrário?

— É. Se alguma coisa que você fez trouxe o fracasso, então o contrário disso não traria o sucesso?

Reflito sobre sua lógica. Acho que faz sentido. Mas não acho que ela se aplique a *mim*. Não posso desfazer o que já fiz. Não posso "desrevelar" que Mason trapaceou nos exames finais para que ele possa voltar para Amherst. Não posso "desexpulsar" Ryan Feldman do time principal de beisebol. Então, agradeço ao meu pai e digo que ele me ajudou muito, pois sei como ele vai se sentir satisfeito e contente ao sair deste quarto.

Depois que ele fecha a porta, penso em tudo o que fiz nos últimos meses tentando encontrar algo que eu possa "desfazer" para poder usar a teoria brilhante dos opostos do meu pai.

Bem, vejamos. Menti para as pessoas de que gosto e armei planos de vingança contra as pessoas de que não gosto. Isso até que resume tudo.

Agora, a única coisa que quero fazer é continuar mentindo para Spencer, assim não tenho que enfrentar a verdade nem descobrir uma maneira de fazer Jenna pagar pelo que está fazendo comigo e com as minhas amigas... e com Spencer. Ou o que ela planeja fazer contra ele, no caso. Se ao menos eu conseguisse fazê-la confessar que escreveu aquelas coisas horríveis no próprio armário e, então, secretamente, gravasse essa confissão. Assim, eu colocaria essa gravação na *internet* e a humilharia completamente. Ou talvez alguma receita estética de remédio dela para ficar mais bonita e eu a trocasse por...

Insanidade é fazer a mesma coisa repetidamente, esperando resultados diferentes.

Isso significa parar com as armações de vingança. Chega de mentiras. Obviamente, essa abordagem não funcionou na primeira vez, por que diabos funcionaria agora?

Se alguma coisa que você fez trouxe o fracasso, então o contrário disso não traria o sucesso?

Aí estão elas. Duas brilhantes citações de duas pessoas igualmente brilhantes. Einstein... e meu pai.

O contrário. O contrário. Encontrar o contrário.

O contrário de mentir é dizer a verdade. Mas qual é o contrário da vingança? Qual é o contrário de dar o troco? Dar em troca?

De repente, sento-me direito na cama. Minha cabeça está num turbilhão de pensamentos emergindo de uma ideia sólida e parcialmente respeitável.

Dar em troca.

Como no filme a que assisti, em que um garoto começou uma revolução com seu projeto de Estudos Sociais da sétima série pelo conceito de dar em troca.

Boas ações. Ações aleatórias de generosidade. Boa vontade. Compaixão incondicional com estranhos.

Más ações serão punidas enquanto boas ações serão...

Ai, meu Deus. Estava bem na minha cara o tempo todo. É precisamente a definição de Carma. Por que não vi isso antes?

Estivemos tão focadas no conceito de castigar aqueles que nos causaram dor que desconsideramos completamente a outra metade do significado de Carma.

As boas ações são recompensadas.

Se você quer que coisas boas aconteçam com você, então, deve fazer coisas boas antes. Você precisa enviar energia positiva para o universo se quiser receber energia positiva de volta. O Clube do Carma não precisa ser baseado em punições. Pode ser baseado em compaixão. Generosidade. Bondade. Honestidade. Em vez de castigar aqueles que nos magoaram na tentativa de arruinar o Carma deles, devemos nos preparar para melhorar o nosso!

Sinto-me tão inspirada e acelerada que pulo da minha cama, agarro minha bolsa e as chaves do carro e corro para a porta. Entro no carro, dou a partida e saio.

Não tenho muito tempo. O prazo de Jenna acaba em quatro dias. Se quero fazer a diferença até lá, não posso perder nem mais um minuto.

Isso tem que funcionar. Não é possível que não funcione.

Estaciono o carro na frente da entrada de uma casa bem familiar para mim, caminho até a porta e toco a campainha. Sinto a ponta dos dedos formigar assim que toco o metal da campainha e o nervoso percorre toda a minha espinha.

Quando a porta se abre lentamente e a pessoa atrás dela me olha com aquela expressão de carinho, tão cheia de confiança e expectativa, sei agora, sem sombra de dúvidas, que tomei a decisão certa.

Beijo para o Carma?

Conto tudo para Spencer. Do início ao fim. E, assim como fiz com Rajiv, não deixei nenhum detalhe de fora. Até os mais assustadores, como entrar na conta de *e-mail* do Mason ou fuçar no computador de Seth Taylor. Despejo tudo. Assim como revelei tudo apenas alguns momentos atrás.

É isso que eu faço agora. Falo a verdade.

Chega de mentiras. Chega de desonestidade. Chega de vinganças furiosas. Somente a sinceridade e a compaixão. É isso.

Sei que Spencer pode me deixar. Sei que ele pode, pela primeira vez, olhar-me com repugnância nos olhos e incredulidade em seu rosto. Mas é um risco que tenho que correr. Porque confio que vai ser para o melhor. Que tudo vai acontecer da maneira que deve acontecer. Se Spencer me chutar para fora da casa dele e disser que nunca mais vai querer me ver novamente, será parte do grande plano; então, ficarei desolada e magoada, mas confiante de que o Carma sabe exatamente o que está fazendo. Coisa que eu nunca soube.

Spencer ouve atentamente enquanto conto a história. Ele não diz uma palavra. Ele quase não reage. Somente concorda com a cabeça uma hora ou outra. Quando acabo de contar, ele está com esse olhar intenso, e tento desesperadamente ler seus pensamentos, mas não consigo.

Entretanto, sinto que ele está abismado. Suas sobrancelhas estão arqueadas, e a testa, maior do que o normal. Fico sentindo essa sensação de que ele vai terminar comigo agora mesmo e então, começo a suplicar:

— Eu sinto muito por não ter contado antes. De verdade. Estava errada em mentir para você. Sei disso agora. É que eu estava tão...

Então, antes que eu pudesse dizer mais alguma coisa, Spencer explode em uma gargalhada. Incontrolavelmente. Do tipo que só é provocada por um comediante *stand-up* ou por um filme muito engraçado.

Isso, na verdade, me irritou. Quero dizer, estou aqui abrindo meu coração para ele, tentando ser uma boa pessoa e contar a verdade, e ele está rindo na minha cara? Acho que isso é pior do que se ele me dissesse que não perdoa o que fiz e me chutasse porta afora. Ele precisa mesmo rir das minhas desgraças? Isso está mesmo o entretendo? Olho mais uma vez para o rosto dele e fico em pé.

— Bem, fico feliz por fazer você rir.

Spencer levanta a mão como se quisesse pedir para eu parar, pois não consegue falar por causa das risadas.

— Olha — digo realmente brava agora —, achei que estivesse fazendo a coisa certa em contar para você, mas obviamente...

— Você substituiu o creme para espinhas dela por manteiga? — consegue dizer finalmente.

Paro e o observo.

— Substituí.

Então ele explode em outro ataque de risadas.

— Isso é engraçado demais! De onde você tirou essa ideia?

E, então, começo a rir também.

— Na verdade, a ideia foi de Angie.

Spencer enxuga as lágrimas dos olhos e se recompõe.

— Totalmente sensacional.

Lentamente, sento-me no sofá de novo e ele se aproxima, me abraçando.

— Obrigado por me contar a verdade.

— De nada.

— E por me defender.

— Como?

— Com suas amigas — diz ele com um sorriso bobo. — Você poderia facilmente ter desistido de mim. Pegado o caminho mais fácil para sair dessa enrascada e mantido o segredo para elas. Mas você não fez isso. E temos aqui uma hiperboa ação.

Sorrio e recuso o elogio.

— Não é uma boa ação se você faz isso por uma pessoa que já conhece.

— Por que não? — diz ele, sério. — Acho que a definição mais exata de uma boa ação é colocar o sentimento de outra pessoa na frente do próprio sentimento. E você fez isso por mim.

— É — admito, pensativa —, mas, se eu não inventar alguma coisa até quarta-feira, minhas amigas vão levar isso adiante. Não posso dizer a você o que elas vão fazer, mas garanto que será algo humilhante. Jenna não vai cumprir o acordo por nada menos que isso.

Spencer abre um sorriso malicioso, como se ele soubesse de algo que eu não sei, e diz:

— Não se preocupe com isso. Apenas continue fazendo o que está fazendo. Tenho certeza de que tudo vai dar certo.

Somente espero que ele esteja certo.

***

A próxima fase do meu plano é ter uma ideia de uma boa ação que seja relevante. Isso me faz pensar bastante. O que posso fazer por alguém que eles não podem fazer por si mesmos? O que tenho para oferecer ao mundo que seja único e possa, realmente, fazer a diferença?

Faço um inventário de minhas habilidades.

Tenho um metabolismo rápido. Certo, não acho que isso seja, de fato, uma habilidade, pois não tenho que praticá-lo. Ainda assim, não tenho certeza de como a velocidade da minha digestão pode ajudar alguém. Então, o próximo...

Eu beijo muito bem. Ou pelo menos foi o que me disseram ambos, Mason e Spencer. Mas, a não ser que eu pretenda montar uma barraca de beijo em um evento de caridade e arriscar pegar herpes ou algo pior, essa, provavelmente, também não é uma boa.

Faço purê de batatas instantâneo (daqueles que vêm na caixinha) muito bem. Eu sei, eu sei, qual é a dificuldade em seguir umas instruções tipo "adicione manteiga e leite"? Mas, talvez, eu possa cozinhar purê de batatas para os sem-teto ou algo parecido. Eles não vão se importar se veio de um saquinho com mistura pré-preparada, certo? Certo, eu preciso de mais opções.

Sou inteligente e tiro notas altas. Isso é, afinal de contas, a razão de eu ter me tornado professora de reforço da escola, pois, de acordo com o coordenador, o senhor Wilson, eu tiro notas boas, mas também sou muito boa para ajudar as pessoas a entenderem as coisas para, então, elas também tirarem notas boas.

Imediatamente, sei onde vou encontrar minha resposta. Nas aulas de reforço. É uma coisa em que sou boa e uma coisa que ajuda as pessoas. Muitas pessoas precisam de aulas em diferentes disciplinas. Caramba, os pais de Mason pagaram uma fortuna para a empresa Kaplan ajudá-lo a melhorar sua nota nos exames finais, e vimos como isso acabou. Mas, e as pessoas que podem pagar uma empresa para ajudá-los a aumentar sua pontuação nos exames finais de geometria, ou para ensinar-lhes as diferenças entre o *passé composé* e o *imparfait* dos verbos em francês? Isso não significa que elas não devam receber ajuda, certo?

***

A primeira coisa que faço na segunda-feira de manhã é ir até a sala do senhor Wilson e contar-lhe sobre minha ideia: um programa de reforço de voluntários em colégios de regiões não privilegiadas. Aula de reforço de graça, seja individual ou em grupo, para alunos que precisam de créditos extras em suas avaliações, mas que não podem pagar pela aula.

Ele fica simplesmente maravilhado com a ideia, o que, naturalmente, me inspira mais ainda. Dessa forma, ele me diz para ficar à vontade em usar os recursos do departamento e, assim, ajudar a transformar essa ideia em realidade.

Então, começo a criar folhetos para informar os outros alunos que dão aula de reforço sobre o programa e peço a eles que escrevam seus nomes se estiverem interessados em participar. O senhor Wilson se oferece para levar a ideia à direção, para pedir que incluam créditos extras nas disciplinas dos professores de reforço como um incentivo a mais.

Na terça-feira, Spencer me ajuda a ligar para algumas escolas situadas em bairros pobres para confirmar o interesse deles em receber esse tipo de programa. Os coordenadores pedagógicos de todas aquelas escolas com as quais conversamos ficaram animados com a ideia.

Dissemos a eles que entraríamos em contato assim que o quadro de voluntários estivesse fechado para que pudéssemos agendar os dias e horários e todo o resto.

— Ai, meu Deus — digo a Spencer depois de desligar o telefone. — Não consigo acreditar nessa reação.

— É porque é uma ótima ideia — diz ele.

— Só espero que as pessoas se voluntariem. Vai ser um beco sem saída se ninguém se inscrever para dar aula de graça.

— Fique sossegada — tranquiliza-me Spencer. — Acho que a maioria das pessoas quer fazer a coisa certa, só não têm oportunidades suficientes para isso. Você está facilitando para eles. Você está colocando a oportunidade bem na cara deles.

— Espero que você esteja certo.

Spencer me puxa para mais perto dele.

— É claro que estou certo.

Então me beija profundamente, e não sei se é a sensação dos lábios dele nos meus (que sempre foi de tremer o chão), ou se é a emoção que está tomando conta do meu estado de espírito ao saber que estou fazendo algo realmente importante para as pessoas, mas, independentemente de qualquer um dos dois, esse foi um dos melhores beijos que já recebi.

Quando acaba, Spencer me olha no olho e diz que está orgulhoso de mim, e não consigo evitar pensar que estou, tipo, orgulhosa de mim também.

Uma prova de fé

Certo, então é óbvio que estou preocupada com a quarta-feira. Afinal, é amanhã e, embora estivesse totalmente absorvida em meu novo programa de aulas de reforço, não esqueci o prazo que Jenna estabeleceu para nós. Ou nos submetemos às suas exigências desprezíveis, ou ela divulgará o conteúdo da agenda do Clube do Carma para todos, e aí a gente vai para a fogueira.

Tenho certeza de que nem toda aula voluntária de reforço do mundo vai me ajudar nessa.

Entretanto, tenho buscado a fé. Você sabe, acreditar no poder do bem. Acreditar que minha recente mudança de paradigmas resultará em sorte e, de alguma forma, de alguma maneira, todo esse negócio da Jenna desaparecerá. E minhas amigas me perdoarão e tudo ficará bem.

Porém, quando a manhã de quarta-feira finalmente chega, ainda não tenho nada. Quero dizer, não é que eu não tenha nada de nada. Tenho Spencer, que é sensacional. E tenho o programa de aulas. E já tenho seis professores que se inscreveram como voluntários. O que quero dizer é em relação à luta contra a maldade de Jenna LeRoux e sua armação maligna com a agenda.

Então, você pode imaginar o quanto estou nervosa.

Nós quatro — Jenna, Jade, Angie e eu — combinamos de nos encontrar em um ponto afastado do estacionamento depois da escola, na quarta-feira à tarde. Jenna acha que vamos encontrá-la para revelar a derrocada de Spencer. Minhas amigas acham que vamos nos encontrar para que eu apresente uma solução alternativa. Por causa delas, o fracasso não é uma opção. Deixar que aquela agenda escape por nossos dedos não é uma saída viável. Não importa o quanto eu tente convencê-las de que Spencer não merece ser o alvo de uma vingança.

Enquanto me dirijo ao ponto mais distante do estacionamento e vejo Jade e Angie paradas lá, me esperando, o pânico começa a tomar conta de mim. É chegado o momento. Alguma coisa tem que acontecer nos próximos cinco minutos ou estou frita. Bem, na verdade, é Spencer quem estará frito.

Paro a alguns metros de distância delas e as fico encarando. Elas parecem uma versão menor, reduzida, do grupo de três que costumávamos ser juntas. E, de repente, percebo como é estar de fora do grupo. Pois, bem agora, enquanto estou parada um pouco distante delas, posso observar o quanto estão próximas uma da outra, não somente fisicamente, mas também em relação à amizade. Quase caí no choro. Sinto tanta falta delas que chega a doer. E ficar aqui parada do lado de fora, querendo tanto que me deixem entrar novamente, só me faz sentir tudo isso mais dolorosamente.

É impossível saber se elas também sentem minha falta, pois a expressão em seus rostos parece a de uma estátua. Não revelam nada. Mas, considerando o fato de que nenhuma das duas retornou meus telefonemas, sou obrigada a deduzir que ainda estão muito chateadas.

— E então? O que você diz? — pergunta Jade com o tom de voz frio, indiferente e destituído de qualquer sentimento.

— É... — digo, de repente sentindo minha língua travada. — Acho que vocês vão acabar descobrindo.

Acho que nós todas vamos acabar descobrindo, penso comigo. Pois, infelizmente, ainda não tenho nada.

Vejo um carro se aproximando. Está entrando no estacionamento e vindo em nossa direção. Cerro a sobrancelha para poder ver melhor. Só pode ser Jenna vindo receber o cheque da chantagem.

E aí me dou conta de que cometi um erro feio. Gigante. Como é que não planejei *nada*? Como é que pude aparecer aqui de mãos vazias e deixar tudo por conta do destino? Que tipo de idiota faz uma coisa dessas? Isso foi a coisa mais imbecil de que já tive notícia. Ainda mais imbecil que aquela piada sobre o cara que está preso em uma enchente e, por estar tão convencido de que Deus o salvaria, acaba recusando a ajuda de dois barcos salva-vidas e de um helicóptero. Bem, você sabe o que acontece: ele se afoga e morre. Sim, a água da enchente o engole. Então, quando chega ao paraíso, ele pergunta a Deus o motivo de não tê-lo salvado, e Deus responde:

— Mandei dois barcos e um helicóptero. O que mais você queria de mim?

Agora, veja o meu caso. Afogando-me em minha própria estupidez. Prestes a ser engolida viva pela enchente e pelas ondas do maremoto provocado pelo Furacão Jenna, mas dizendo todo o tempo "O Carma vai me salvar, acredito nisso".

Como é que pude ser tão cega?

E, enquanto a luz da tarde vai se enfraquecendo no céu, o carro vai chegando mais perto, e sei que estou perdida. E Spencer vai sofrer por causa da minha falta de discernimento. Não é justo. Ele não merece nada disso.

Onde está o Carma agora? Por que ele está sempre me desamparando nos momentos de necessidade? Por quê? Fui honesta. E estou tentando ser boa. Juro que estou.

Fico de costas para o carro e fecho meus olhos. Não posso ver. Sei que algumas pessoas adoram assistir a acidentes de carro na TV, mas não posso simplesmente ficar parada e assistir à minha própria vida indo de encontro a uma parede de tijolos.

Ouço a porta do carro se abrir e espero. Espero ouvir a voz dela. Espero tudo estar terminado.

Mas não é isso que ouço.

Ouço um suspiro alto. Então Angie diz:

— Ai, meu Deus.

E não posso mais suportar. Abro meus olhos e me viro.

E, quando faço isso, vejo que, na verdade, não é Jenna quem está esperando lá. É Spencer. Ele está parado ao lado de seu carro, com um sorriso maroto por todo o rosto.

Não é seu carro esporte alemão ou a camisa de botão moderna que provoca a expressão de absoluto assombro no rosto de minhas amigas, mas, sim, o objeto que ele está segurando, todo orgulhoso, na mão estendida.

Uma agenda pequena e rosa.

Operação Dar em Troca

Definitivamente, já ouvi falar em cavaleiros em armaduras brilhantes aparecendo para salvar a mocinha. Isso não é novidade. Mas um cavaleiro em um BMW brilhante e conversível aparecendo para salvar a mocinha? Agora, isso que é original.

— Como foi que você pegou isso? — grito para Spencer enquanto me jogo com os braços em volta de seu pescoço.

Ele ri, carinhoso, com minha empolgação.

— Fácil. Só pedi a Jenna, muito amigavelmente, que me entregasse, e ela entregou.

Olho para ele, cética.

— Sério? Tudo o que você fez foi pedir gentilmente e ela entregou a você?

— Foi — diz Spencer, com o tom de voz indicando que ele não faz ideia do motivo de eu suspeitar do contrário.

Ele olha para Jade e Angie, e nenhuma delas parece estar totalmente convencida disso também.

— Ok — admite Spencer finalmente —, eu tipo tive que dar algo em troca para ela.

— Eu sabia! — respondo. — O que foi que você deu a ela?

— Minha palavra.

— Sua palavra sobre o quê?

— Minha palavra de que não falaria para ninguém que ela pichou o próprio armário.

Isso me faz rir. E, rapidamente, Jade e Angie também começam a rir. E isso é incrível. Minhas duas melhores amigas rindo com meu novo namorado.

Então, Spencer faz uma coisa superesquisita. Quero dizer, é meiga e fofa, mas uma coisa que eu nunca esperaria que ele fizesse. Ele dá um passo na direção de Jade e Angie e estende a mão para que elas o cumprimentem. Então, ele diz:

— Olá, sou Spencer Cooper. Acho que ainda não fomos apresentados.

No início, parece um gesto em consideração a mim, mas logo percebo que ele está sendo sincero. Minhas amigas ainda não tinham sido apresentadas para ele. Pelo menos, não para o verdadeiro Spencer Cooper.

Spencer não tem nada a ver com a pessoa que nós achávamos que ele era. E o mais marcante disso é que fizemos esses julgamentos sem nunca ter falado com ele antes. Como pode uma coisa louca dessas? Mas é isso o que acontece no colégio. Sua reputação precede você, não importa se é verdadeira ou não.

Talvez Spencer fosse essa pessoa representada nos arquivos de fofoca da escola. Talvez ele fosse esse garoto riquinho e prepotente que dava festas de arrasar só para uma lista de convidados exclusivos no *loft* dos seus pais e que quase não reparava nas pessoas humildes. Mas essa pessoa não é ele hoje. E, se julgarmos as pessoas pelo que elas *eram*, e não pelo que elas se tornaram, bem, aí então nenhum de nós terá mais amigo nenhum. Incluindo eu mesma.

***

Gostaria de dizer que as coisas estão, finalmente, de volta ao normal, mas não tenho mais certeza se sei o que é normal agora. Quero dizer, se o normal é as coisas estarem exatamente como costumavam ser antes que tudo tivesse rolado ladeira abaixo, então, não, as coisas não estão de volta ao normal.

E, confie em mim, isso é uma coisa boa. Mas, se o normal é ter minhas amigas de volta à minha vida, então acho que talvez as coisas estejam bem normais esses dias.

A primeira coisa que fizemos depois que pegamos a agenda do Clube do Carma de volta foi arrancar todas as páginas que tivessem qualquer relação com nosso empenho anterior e começar do zero. Expliquei as regras do novo (e melhorado) Clube do Carma. Um clube que não é secreto. Que não é exclusivo. Não é reservado apenas para membros. Qualquer um pode participar.

E o mais importante é que não busca a vingança cármica nem dar o troco. Busca espalhar o Carma positivo na vida das pessoas ao seu redor. Posso ser a primeira a testemunhar que funciona.

Se eu não tivesse sido honesta com Spencer sobre tudo, então ele não saberia de Jenna e da agenda roubada. E não poderia tê-la pegado de volta para nós. Então você pode ver que tudo deu certo no fim.

Eu tinha certeza de que daria.

Certo, eu tive algumas dúvidas mínimas quando a coisa toda estava fervendo, mas a história soa muito melhor quando digo que fui uma crédula determinada o tempo inteiro.

Jade e Angie acabaram de seguir o exemplo e começaram a praticar iniciativas de Carma positivo também. Jade está participando do programa de teatro infantil da cidade, que oferece oportunidades para as crianças se envolverem em peças e musicais. Angie começou um trabalho voluntário em uma central de atendimento telefônico para adolescentes viciados em drogas, por meio da qual ela conversa com garotas e garotos problemáticos sobre drogas ilegais e o uso indevido de receitas médicas.

Até agora, isso parece estar funcionando. Algumas semanas atrás, a polícia pegou os caras que roubaram a Farmácia Miller quando tentaram assaltar uma loja de conveniência na cidade mais próxima. Agora, não sei dizer se isso tem alguma relação direta com o que nós três estamos fazendo, mas gosto de pensar que fazemos parte disso, pelo menos de uma pequena parte.

Gosto de pensar que o Carma está cuidando de nós.

E, no final das contas, Jade conseguiu a bolsa de estudos para a Universidade da Califórnia, a UCLA. Não é a mesma bolsa para a qual ela havia se inscrito antes, mas, quando a comissão descobriu que ela estava fazendo um trabalho voluntário no teatro, decidiram criar um tipo de bolsa-auxílio somente para ela!

E eu? Eu ainda estou com Spencer, óbvio. Seus pais acabaram doando uma grande quantidade de dinheiro para ajudar meu programa de aulas de reforço decolar. Ele me contou que dá para abater do imposto de renda e que seus pais estão sempre interessados em encontrar novas formas de gastos que têm a possibilidade de serem abatidos no imposto. Mas sei que esta não é a única razão de eles terem doado o dinheiro. Tenho certeza de que tem uma mãozinha do Spencer aí, que ajudou a convencê-los também.

Tentei resumir tudo o que aconteceu em minha cabeça usando a reportagem do programa de celebridades de TV, mas a verdade é que programas desse tipo não divulgam coisas assim. Não tem drama suficiente nessa história. Mas acho que eu não ligo muito para isso. Existem milhares de coisas que eu gostaria de escolher para preencher a outra metade do meu Yin-Yang... e o drama, definitivamente, não está entre elas.

Naturalmente, estaria mentindo se dissesse que não senti uma pontinha de alegria ao saber que Mason Brooks está matriculado na faculdade comunitária para o próximo semestre, pois nenhuma outra o aceitou. Ou quando soube que o rosto de Heather Campbell ainda não está completamente recuperado do incidente com a manteiga. Eu sou humana. Mas, confie em mim, esse sentimento não se compara em nada ao que você sente quando ajuda verdadeiramente alguém que não esperava que pudesse ser ajudado.

***

No início de junho, recebi vários presentes de formatura. Minha mãe me deu um celular novo, meu pai comprou um *notebook* para a faculdade e Spencer me deu essa agenda realmente linda de couro marcado com as minhas iniciais para substituir a nova e melhorada agenda do Clube do Carma.

Jade, Angie e eu demos de presente, umas para as outras, novos pingentes para nossas pulseiras. Mantivemos o amuleto Yin-Yang, claro. Mas substituímos os outros pingentes por novos que representavam mais apropriadamente as coisas positivas que estamos fazendo por aqui ultimamente. Jade comprou pingentes com a forma das máscaras de teatro para simbolizar o trabalho voluntário que ela está fazendo. Angie nos deu pingentes com a forma de um telefone, que representa sua associação com o grupo que atende adolescentes com problemas com drogas. E eu dei a elas a letra "A" com um sinal de *mais* ao lado. Pois só posso esperar que cheguem, pelo correio, nos próximos dias, mais boletins do colégio com essa nota.

Mas devo dizer que o presente de formatura de que mais gostei veio, na verdade, na revista *Garota Moderna*.

Trata-se de um artigo de uma página inteira do exemplar de julho e que vai bombar nas bancas na próxima semana. Eles me enviaram uma cópia emoldurada superbacana uns dias atrás. E, neste exato momento, ela está pendurada na parede do meu quarto, para que eu possa vê-la todas as vezes em que entrar aqui.

> O CLUBE DO CARMA
>
> *O Carma tem um novo nome, e esse nome é Madison Kasparkova. Aluna veterana do Colégio Colonial Vale do Pinheiro, Madison e suas amigas, Jade Bristow e Angela Harper, lançaram recentemente uma iniciativa em sua região que esperam que se espalhe pelo mundo. Chama-se Clube do Carma e seu objetivo é fazer o bem.*
>
> *"Quando as pessoas olham para os adolescentes, tudo o que veem são jovens egoístas e insensíveis que se importam somente com a quantidade de mensagens de texto que terão no plano do celular", diz Kasparkova à* Garota Moderna, *em uma entrevista por telefone no mês passado. "O Clube do Carma apenas busca inspirar os jovens da nossa idade a fazer a diferença. Colocar o bem-estar de outros na frente do próprio. Pois, se todos os adolescentes fizessem isso, mesmo que fosse apenas uma vez,*

então estaríamos muito perto de colocar um fim nesse estigma negativo que nos cerca."

Sabem qual é a sugestão mais recente para um Carma positivo de Madison? Um programa de aulas de reforço para alunos de escolas em bairros menos privilegiados que não podem pagar pelas aulas caras que empresas particulares oferecem. "Os professores-alunos de reforço se voluntariaram para suas disciplinas preferidas e depois vamos até essas escolas agendar as aulas. O programa praticamente funciona sozinho", diz Kasparkova. "Tudo o que você precisa é de pessoas que queiram ajudar."

Quando nosso jornalista perguntou a Kasparkova se ela planeja continuar seu trabalho no ano que vem enquanto frequenta a Universidade Amherst, em Massachusetts, ela responde: "É claro que sim! Por que não continuaria?".

De acordo com os membros fundadores, a inspiração por trás do Clube do Carma é um segredo que nenhuma delas está disposta a revelar. Mas elas, porém, disseram que tudo começou com uma ideia que deu muito errado. Somente mais tarde descobriram que "o Carma é uma força poderosa. Ele pode ser seu melhor amigo ou seu pior inimigo. Tudo dependerá de como você escolhe olhar para ele". Bem, como ele se desenvolveu não é tão importante, pois a boa notícia é que ele está aqui.

Para descobrir como fazer parte do Clube do Carma e fazer a diferença em seu bairro é simples. Visite o site www.karmaclub.org e se cadastre como voluntário nos eventos da região.

É claro que eu gostaria de dizer que nada vai mudar. Que, no fim do verão, minhas amigas e eu vamos seguir caminhos diferentes na faculdade e ainda tentar nos manter próximas. E que Spencer e eu vamos continuar nosso relacionamento, cada um em uma parte do país, sem nenhum problema ou imprevisto em nossos planos. Mas sei que a mudança é inevitável. Na verdade, ela é a única coisa constante. Então não posso lutar contra ela. Não existe razão para isso. Tudo o que posso fazer é continuar vivendo minha vida da melhor forma que sei e confiar que tudo vai acabar bem.

INFORMAÇÕES SOBRE NOSSAS
PUBLICAÇÕES
E ÚLTIMOS LANÇAMENTOS

Cadastre-se no site:
www.novoseculo.com.br
e receba mensalmente nosso boletim eletrônico.

novo século®

Impressão e Acabamento

Prol Editora Gráfica